フカサクを観よ

深作欣二監督
全映画ガイド

一坂太郎

はじめに

一番好きな映画は『仁義なき戦い』で、一番尊敬するクリエーターは映画監督の「深作欣二」――これは三十数年前の中学生のころから、変わらない。いまも映画を観に出かける時、今日こそは『仁義なき戦い』を越える映画に出会えるかなと思うが、その期待はいつも残念ながら裏切られる。

一口で言うなら、深作監督の『仁義なき戦い』は、私に大人の世界を教えてくれた教科書だ。それまで観て来たのは、社会や人生の美しさを高らかに歌い上げた映画だったり、「正義」が必ず勝つと教えた映画だった。ところが『仁義なき戦い』に登場する人物たちは、誰が「正義」で、誰が「悪」なのかよく分からない。ただ、各人自分の欲望には割と正直であり、時にずる賢く、臆病で、それゆえしょっちゅう衝突する。「純粋」や「正直」は必ず勝つわけではなく、むしろ敗れ去るという、理不尽なことの方が多いくらいだ。もっとも、じっさいに出てみた社会は、もっと理不尽で、もっと非情なものだったが、『仁義なき戦い』で予習していたから、いくぶんショックは和らげたかも知れない。

時代と格闘するような娯楽映画をつくり続けた深作監督は、昨年暮れに亡くなった私の父と同じ昭和五年（一九三〇）生まれである。この年に生まれた男たちは多感な少年時代を戦争の真っ只中で過ごし、なんとも言えない複雑な重荷を背負わされたまま戦後を生きた。

兵庫県の芦屋で育った父は、まじめな軍国少年だったようだ。軍人として戦死することに憧れ、親に内緒で少年兵になる試験を受けに行ったという。これが事実なら、親の承諾無しで未成年に試験を受けさせる、大日本帝国もどうかしていると思うのだが……。

ところが、十五の年に敗戦。その直前に阪神空襲で芦屋の自宅を焼かれた父は、泊めてもらっていた知り合いの家で玉音放送を聞いた。それから世の中の価値観が、一八〇度ひっくり返る。大人たちは、手のひらを返して民主主義を叫ぶ。十五歳の軍国少年にとって、それらをすべて受け入れるのは大変だったようだ。だから父は、国家や政治をどこかで信じていなかった。

かつては、みずからの生命を捧げるつもりだった昭和天皇がテレビに映ると、「私は人間です、なんて言った人間は天皇しかいない」などと息巻いていた。アメリカ人のことを家では「アメ公」と呼んでいた。でも、だからと言って反体制運動や市民運動に参加することなどなく、ごくふつうの小心者のサラリーマンとして高度経済成長もバブル経済も体験して、それなりに人生を楽しんだようだ。「貰うもんは貰うんや」と、好きではない行政から与えられるものは受け取っていたが、意地を張っては生きてゆけないことを知っている世代でもあるのだろう。「右」だの「左」だのと、単純に分けられるものではない。

まだ母も生きていた十年ほど前、私がお土産に洋菓子を買って帰ったら、「これは栄養がありそうや」と、喜んでいたのが印象に残っている。「最近は、カロリーが高い方が売れないんよ」と言うと、母がそのとおりだと笑った。おそらく父には、戦後の闇市を空腹を抱えてさまよった記憶が最後まで残っていたのだ。そのような父に育てられたせいで、深作監督が作品を通じて訴え続けた飢餓感への郷愁、戦後の繁栄に対する疑念、権威権力に対する反発や不信感などが、時にガツンと心に響く。昭和五年生まれの反骨精神は日本の将来のためにも、私のような息子の世代がしっかりと受け継いでいかねばと思ったりもする。

いま、日本映画はある意味バブル期にあり、次から次へと新しい作品が生まれては、消えてゆく。おそろしくつまらない映画もあるが、すぐれた作品が多いことも確かだ。しかし、深作監督の作品のように、小さくまとまろうとする世の中を疑い、時に激しく牙を剝くような映画が、どんどん少なくなっている。これは危険なことである。

批判精神が薄らぎ、どうも物が言いにくい、言えない社会へと向かっているようだ。私が棲むような小さな社会でも、言論封殺のようなことが当たり前に行われ始めた。若者たちも枠からはみ出したり、権力者に異議を唱えたりすることを極度に恐れ、畏縮しているのが、ありありとうかがえる。一旦躓《つまず》くと、再びはい上がることが困難な、寛容さを失った社会であることを、子供のころからいやと言うほど教えられているのだ。だからこそ教育の場では、「絆」が何よりも大切だとウソ臭いことを教える。

「美しい国」だの「一億総活躍社会」だのといった耳障りのよい、うわっ面だけの美辞麗句を並べ立て、「愛国心」や「郷土愛」を政治家が煽り立て、学校の先生に評価させようという、とんでもない時代である。愛さずにはいられない国や郷土をつくるのは、まずは権力を握っている政治家の仕事なのに、本末転倒も甚だしい。

中身スカスカの寝言が溢れている現代社会だからこそ、深作監督が残した六十本あまりの映画を観、まずは考えて物を言ってみようかという若者が増えて欲しい。切れば血を吹くようなフィルムに込められた昭和五年生まれのメッセージに、真摯に耳を傾けることが出来なくなれば、日本は亡国への一途を辿ってしまう気がしてならないのである。

※本篇中、原則として敬称は省略した。ロングインタビュー集である山根貞男『映画監督 深作欣二』（平成十五年）は参考、引用文献として頻出するため『映画監督 深作欣二』と略称した。また、公開日と上映時間のデータは原則として『キネマ旬報臨時増刊・映画監督深作欣二の軌跡』（平成十五年）による。映像ソフト発売のデータは、ジャケット写真を掲載した作品のみ紹介した。

フカサクを観よ

深作欣二監督全映画ガイド

目次

第一章　「ケダモノ」の焦燥
――『風来坊探偵』から『博徒解散式』まで――

第二章 暴力・エロ・任侠の中で
――『黒蜥蜴』から『狂犬三兄弟』まで――

第三章 『仁義なき戦い』の時代

——『仁義なき戦い』から『ドーベルマン刑事』まで——

第四章　最後の闘い
——『柳生一族の陰謀』から『バトル・ロワイアルⅡ』まで——

東映『仁義なき戦い　頂上決戦』製作発表
深作欣二監督を囲む、左から菅原文太、
梅宮辰夫、松方弘樹、小林旭

プロローグ

深作欣二は昭和五年（一九三〇）七月三日、茨城県東茨城郡緑岡村大字千波《せんば》（現在の茨城県水戸市の一部）の小さな地主の子として生まれた。

昭和一桁《ひとけた》世代である。後に焼け跡派とか、闇市派などとも呼ばれることになる自分たちの世代を深作は「奇形児」とするが、それは国家によってつくられたものだ。十一歳の年に太平洋戦争が勃発し、国家から徹底した軍国少年として育てられたのである。みずから進んで兵士となり、戦死を遂げることが最高の名誉と教え込まれた。

そして昭和二十年八月十五日、県立水戸中学（旧制）に通っていた十五歳の深作欣二は、敗戦を経験。その少し前の七月、アメリカ機動部隊が茨城県沿岸を艦砲射撃して、深作欣二が勤労動員で通っていた兵器工場が標的となった。

「昭和二十年七月のある朝、私は勤労動員先の兵器工場で、初めて大量虐殺の現場を見た。

アメリカ機動部隊の艦砲射撃で一夜のうちに廃墟と化した工場跡の瓦礫の中には、夜間作業のために逃げ遅れた二十数人の工員たちの首、手足、胴体、内臓、その他、どの部分のものとも知れぬ肉片がバラバラに飛び散っていた。

私たちはそれらを一つ一つ拾い集め、急ごしらえの粗末な棺におさめて、工場裏の空き地に仮設された火葬場へ運んだ」（週刊朝日編『ひと、死に出あう』平成十二年）

この十五歳の時の衝撃的な体験を、深作欣二は後々まで繰り返し語っている。それが映画づくりの原体験だったとも言う。

「そのころの私たちにとって、〈死〉はまさしく御破算であった。カチャッというソロバンの一振り。人間の生死なんてそんなものさ。こういうヤケクソな認識しか、私たちは持ち得ようもなかったのだ」（前掲書）

それから「アッケなく戦争は終わった」。天皇は「現人神《あらひとがみ》」から「象徴」になり、すべての価値観がひっくり返った。日本はさまざまな反省の上に、かつての敵国アメリカに助けられながら、平和で民主的で個人を尊重する新時代を築こうとする。ところが、昨日までの軍国少年たちは、大人たちの勝手な変貌をどう受け入れたらいいのか分からない。だから、国家や権力に対する不信感を強く抱かざるを得なかった。

深作欣二は学校にも通わず、闇市をふらつき、映画に夢中になってゆく。初めて観る外国映画、アメリカの西部劇、メロドラマ、ミュージカル、それにフランスの文芸モノに心躍らせた。戦時中は戦意、国威発揚が目的だった日本映画も外国映画の影響を強く受け、断然面白くなって来た。そして高校三年（新制）の時に黒澤明監督『酔いどれ天使』（昭和二十三年）を観て、映画を勉強したいと考えるようになる（『映画監督 深作欣二』）。

年譜を見ると昭和二十四年、高校を卒業した深作欣二は日本大学芸術学部映画学科に進学（二年後、同学部文学科に移る）。同二十八年、大学卒業とともに東映本社企画部に入り、翌年、東映東京撮影所監督部へ移り、『暗黒街の脱走』を皮切りに昭和三十六年の監督昇進まで十六監督五十作品に付いた。映画が娯楽の王様であり、中でも徹底した娯楽映画をつくり続けた東映は、年間五十二週に毎週新作二本立てを封切るという全盛期である。さらには「第二東映」（のちニュー東映）までつくられた。

そうした量産体制も追い風となり、昭和三十六年六月九日封切りの『風来坊探偵　赤い谷の惨劇』で「深作欣二監督」が誕生したのである。

この間、日本はGHQによる占領から解放された。アメリカへ隷属するような保守政治は消えず、安保闘争が起こったりしたが、岩戸景気と呼ばれる事実上の高度経済成長が始まった。空襲で焼け野原と化していた街には、いつの間にかビルディングが整然と建ち並び、物質的にはどんどん豊かになり、綺麗になってゆく。

だが、かつての軍国少年たちの心の中には、何も決着がついていない、どこか空しい隙間風が吹き続けた。

「バスに乗り遅れて悪かったな、勝手に走って行きやがれ」(『深作欣二ラスト・メッセージ』平成十七年)

深作欣二の世代に始終付きまとった焦燥感である。

第一章　「ケダモノ」の焦燥

――『風来坊探偵』から『博徒解散式』まで――

日本が高度経済成長に沸いていた昭和三十三年（一九五八）の映画人口は過去最高の約十一億二七四五万人を記録した。日本人ひとりが一年で十二回以上も映画館に足を運んだことになる。製作会社の大手は松竹・東宝・大映・新東宝・東映・日活の六社。なかでも娯楽作に徹した東映の業績はダントツ一位で、増産体制のため第二東映まで発足させた。ところが国民の暮らしが豊かになるや、昭和二十八年に放送がはじまったテレビの受像機が急速に普及し、昭和三十年代後半、映画業界は一気に斜陽化してゆく。深作が映画監督デビューしたのは、そんな時だった。

1

風来坊探偵　赤い谷の惨劇

公開／昭和三十六年六月九日　上映時間／六二分　モノクロ　ニュー東映東京作品
企画／佐藤正道　脚本／松原佳成　神波史男　撮影／飯村雅彦　音楽／池田正義
出演者／千葉真一　曽根晴美　北原しげみ　小林裕子　故里やよい　宇佐美淳也　他

昭和二十八年（一九五三）、東映に入社した深作欣二は八年間の助監督生活を経て、この作品で監督デビューを果たす。デビュー作には、その映画監督のあらゆる要素が詰まっていると言われるが、深作の場合もまたしかり。

物語は信州の赤岩岳で起こったセスナ機墜落事故で、新日本開発の社長とパイロットが死ぬところから始まる。セスナが猛速のまま雪の山肌に突っ込み、砕け散る派手な特撮だ。つづいて、事故に不審を抱いたパイロットの妹・香山美佐子（北原しげみ）が、赤岩岳に乗り込んで調査を始める。これに、近くの上田牧場の娘・上田ちか子（小林裕子）や新日本開発の依頼を受けた風来坊探偵の西園寺五郎（千葉真一）が加わる。そして、この地をスキー場やゴルフ場として開発しようと企む、北東観光の鬼頭大作（須藤健）の陰謀であることを暴いてゆく。

この間、鬼頭の用心棒に雇われたスペードの鉄（曽根晴美）と五郎の戦い、そして芽生える友情が盛り込まれる。最後に鬼頭を裏切って五郎側で戦う鉄の、「こいつ（拳銃）が浮気をしたまでさ」の台詞がいい。黒澤明監督『隠し砦の三悪人』（昭和三十三年）で藤田進扮する武将が、「裏切り御免！」と言って敵方に合流する有名な場面があるが、あの影響ではないかと思う。作者たちはカッコいい裏切り方を、研究したのだろう。

よく指摘されるのが、アクションシーンのカット割の巧みさ。たとえば北東観光に単身乗り込んだ五郎が派手な立ち回りを演じた後、馬で逃げる。それを悪党たちが、馬で追う。馬上での戦い。つづいて五郎を待っていた鉄との一騎打ちの銃撃戦。これらのシーンが矢継ぎ早に続く。このあたりのスピード感は若々しく自信に満ちており、観ていて気持ちいい。日本を代表するアクション映画監督に成長する片鱗が、十分うかがえよう。

昭和三十四年の東映第六期ニューフェースで、東映東京撮影所に所属していた千葉真一の初主演作でもある。この作品につき千葉は後年、

「すごいカッティングでしょう。あれでもうみんなびっくりしちゃったんです。一時間の中編ですけど、僕は三十分くらいにしか感じなくて、どうしてこんなに短いんですか?と言ったくらいです。そうしたら『いや、ちゃんと一時間だ』と」

との思い出を語っている（千葉真一「深作さんのリズム感、それが僕に染みついています」『キネマ旬報臨時増刊　映画監督 深作欣二の軌跡』平成十五年）。

同じ年に東宝でつくられたのが、黒澤明監督のアクション中心の時代劇『用心棒』。これを

観ると主演の三船敏郎の肉体を使い、黒澤は自分の頭の中にある世界観を存分に表現していることが分かる。それは前後につくられた監督黒澤、主演三船のコンビ作すべてに言えること。ところが黒澤は『赤ひげ』(昭和四十年)で三船とのコンビを解消するや、迷走を始めてしまう。フルカラーの派手な絵コンテ(それはそれで魅力があるのだが)を描き、撮影に入るようになる。三船なら、さっさと演技で表現してくれたから、こんな具体的な絵コンテを大量に描く必要は無かったはずだ。

深作は千葉に「アクションはドラマである」と教えたという。深作は自らの世界観を最も体現出来る肉体を持つ俳優は、千葉だと信じていたのだろう。東宝の黒澤・三船コンビのように、深作・千葉コンビをもっと意識して深化させようと考えるプロデューサーが東映にいなかったことが残念である。

もっとも、当時邦画六社のうち業績が一位、飛ぶ鳥を落とす勢いだった東映は、そんなことはあまり念頭に無かったようだ。深作はこの監督デビュー作を撮るにあたり、会社から次のような注文がついたと語る。

「当時、日活でもアクション映画をたくさんつくっていて、小林旭が主演の『渡り鳥』シリーズ(一九五九〜六二年)というのがありましたね。それが大ヒットしたから、会社の注文としては、あれをいただいてきちゃえ、と(笑)。真似でいいからやってくれと言われて、しかし真似じゃなあ、と悩んだりしましたけど、まあ第一作だから、自分にとっては習作みたいなもんですよね」（『映画監督 深作欣二』）

実にプライドの無い、アバウトな注文だ。これは後年、アメリカで『スターウォーズ』が当たったからとの理由で、東映が同作品が日本に輸入される前に深作に『宇宙からのメッセージ』（昭和五十三年）を急いで撮らせるといったエピソードを、彷彿とさせる。

『渡り鳥』同様のいわゆる「無国籍アクション映画」であり、その荒唐無稽さは現代からみると潔《いさぎよ》すぎて、なんだか新鮮だ。まず、警察が一切出てこないし、西部劇のような変な衣装で走りまわっている。主役の五郎などは私立探偵であるにもかかわらず、日ごろから愛銃ウインチェスターを平然と持ち歩き、何かあれば簡単にぶっ放す。

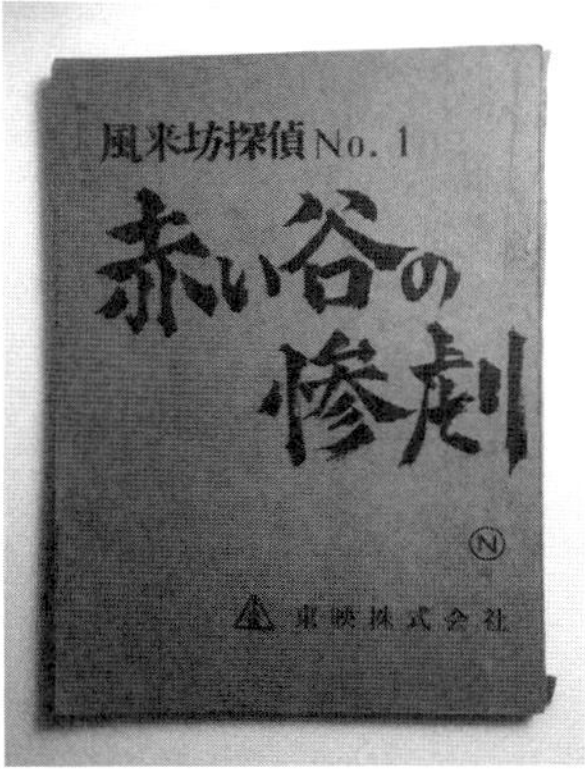

『赤い谷の惨劇』の台本（著者所蔵）

ただ、作り手たちは『渡り鳥』の真似では気が済まなかったようで、なんとか「社会派」の要素を盛り込もうとした苦心は感じられる。撮影に使用された脚本の最初のページには製作意図として、

「邪悪が横行し、善意がしいたげられている事例の多い此の世相に一服の清涼剤たるべく、清新溌剌たる娯楽活劇シリーズとして製作して行きたい」

の一文がある。大自然に抱かれた赤岩岳を、鬼頭はリゾート地として強引に開発して金儲けを企む。そのため人を殺してまで、孤児院になっている牧場を強引に自分の手に入れようとする。

前半で鬼頭が牧場に乗り込み、牧場主の上田清太郎（宇佐美淳也）に怪しげな権利書を見せ、立ち退きを迫る場面がある。納得しない上田に対し、紳士然とした態度で鬼頭は「私も元代議士にまで立った男ですから」と言う。

後半では、事件を追って真相を知った美佐子を監禁し、「ハッハッハッ……私は証拠の無い犯罪しか行わないタチでね。疑わしきは罰せず、日本の法律はありがたく出来ている」などと憎々しげに言う。

当時叫ばれた所得倍増計画や高度経済成長の行き過ぎを、地でゆくような男として描かれる。ステレオタイプではあるが、むやみな開発は悪だと訴えかける。それをさらに後押しするのが、雪が残った初春の浅間山麓ロケで撮影された、牧歌的で美しい映像である。

2

風来坊探偵　岬を渡る黒い風

公開／昭和三十六年六月二十三日　上映時間／六〇分　モノクロ　ニュー東映東京作品
企画／佐藤正道　脚本／松原佳成　神波史男　撮影／飯村雅彦　音楽／池田正義
出演者／千葉真一　曽根晴美　北原しげみ　小林裕子　宇佐美淳也　故里やよい　他

一作目の公開から二週間後に公開された、『風来坊探偵』の二作目。前作の舞台は山、今回は海である（房総でロケ）。「ホンは二本ほぼ同時にできてたんじゃないかな。スケジュールを組むのも二本纏めてで、予算も二本でいくらと」と、深作は語る（『映画監督 深作欣二』）。

今作は夜の荒れる海で、漁船が遭難する特撮から始まる。江藤漁業の娘・江藤慎喜子（北原しげみ）の依頼を受けた西園寺五郎（千葉真一）は、現地に乗り込む。そして水産研究所に出入りする堀越海運が、麻薬取引を行っていることを突き止める。そこに、堀越海運の用心棒ジョーカーの鉄（曽根晴美）が登場。前作はスペード、今作はジョーカーだが、はじめ五郎と戦い、最後は味方になるというのは前作と同じだ。相変わらず、アクションのキレは見事。ただ、前作のような社会派カラーは薄い。麻薬取引の陰の大ボスが、実は水産研究所の真面目そうな職員で、さらには時々出没する謎の画家と同一人物だったという、ラストのどんでん返しで驚かせようとしたのだろうが、取ってつけたようで、どうも面白くない。千葉・曽根は前作と同じ役柄だが、北原・小林裕子・故里やよい・宇佐美淳也・須藤健といったメンバーが前作と異なる役で出る。ただし故里はボスの女で犯罪に関与し、最後は消されるという同じ設定だ。注目すべきは、深作が監督として第一声をかけて二作同時にクランクインしたという、冒頭の西園寺探偵事務所のセットでのカットだ（『映画監督 深作欣二』）。深作の監督人生が、この場面からスタートしたと思うと感慨深い。

最初の東映の三角マークが、おなじみの岩に荒波ではなく、火山に「ニュー東映」と出る。昭和三十五年三月、東映の中に誕生した「第二東映」は同三十六年二月に「ニュー東映」と改称されていた。スタッフ・キャスト共若手を登用し、現代劇を中心に新作をつくったが、同一会社が二つの配給系統を持つことは世界でも前例が無いこころみで、映画界に波紋を起こす。ただ、その寿命は短く、十二月一日に終焉を迎えた。三十六年の封切り映画本数は松竹六九、東宝六八、大映九〇、日活一〇五、新東宝三一だが、東映は九七、ニュー東映七〇と他社を圧倒していた（松浦幸三『日本映画史大鑑』昭和五十七年）。

昭和三十六年は一月に石原裕次郎がスキー場で右足に六カ月の重傷を負い、二月に赤木圭一郎が事故死。相次ぐ看板スターのトラブルで、日活の危機が叫ばれていた。そんな隙を突くように、日活の「無国籍アクション」を真似ろと、新人深作に指令を出した東映という会社は抜け目ない。このしたたかさ、デタラメさ（良い意味で）を背景に、監督深作は誕生した。

3 ファンキーハットの快男児

公開／昭和三十六年八月五日　上映時間／五三分　ニュー東映東京作品
企画／根津昇　渡辺洋一　脚本／田辺虎男　池田雄一　撮影／内田安夫　音楽／三保敬太郎
出演者／千葉真一　中原ひとみ　岡本四郎　新井茂子　十朱久雄　加藤嘉　他

『風来坊探偵』二部作に続き、ニュー東映の中編として、二本並行で撮られたのが『ファンキーハットの快男児』だ。主演は千葉真一で前作と同じようなキャラクターだが、役名は「天下一」こと天下一郎になっている。『風来坊探偵』の西園寺五郎は、わざとらしい高笑いが印象的だったが、それが今回はなくなっており、役作りの工夫が感じられる。

昭和三十五（一九六〇）年七月に成立した池田内閣は「国民所得倍増計画」を打ち出し、経済大国めざして突き進んで、「岩戸景気」と呼ばれる繁栄を生み出していた。『風来坊探偵』の舞台が山や海だったのに対し、『ファンキーハットの快男児』は東京都心が中心だから、リアルタイムで高度経済成長の風景が記録されている。

ヒロインのみどり（中原ひとみ）は良家のお嬢様だが、株式投資が大好きで、父親から巧みに資金を引き出しては、楽しげに証券会社に株を買いにゆく。ちょっと異色のヒロインだが、この映画がつくられた昭和三十六年は、投資信託の残高が四年前の約十倍となる一兆円を突破していた。「銀行よさようなら、証券よこんにちは」のフレーズが流行して株の一大ブームが起こっていたから、みどりは流行の最先端を歩いていたことになる。現代の証券会社とは雰囲気もシステムも異なっており、窓口に並んだ女の子が郵便切手でも買うような手軽さで株を購入しているのを見ても、大らかな時代を感じさせる。

ストーリーは、幼児誘拐事件が実は官庁のビル建設汚職事件にも関係していたというからくりを天下一郎が暴き、解決してゆくというもの。営利誘拐も汚職事件も、高度経済成長時代の徒花《あだばな》であり、当時問題になっていた。

くしくも黒澤明監督が前年『悪い奴ほどよく眠る』で土地開発公団汚職事件を、昭和三十八年に『天国と地獄』で誘拐事件を、いずれも激しい怒りをこめて描いている。ただ、そういう悪を告発するような力強さは、残念ながら『ファンキーハットの快男児』からは感じられない。ちなみに『天国と地獄』が公開された年、世間を震撼させた「吉展《よしのぶ》ちゃん誘拐殺人事件」が起こる。のちに死刑となった誘拐・殺人犯は東北から上京したものの、高度経済成長の波に乗れず挫折を味わった男だった。

ただ、オープニングの天下一とその相棒がオープンカーに乗って市街を疾走し、学制帽を捨ててファンキーハットに替える時のスピード感、天下一とみどりが入る喫茶店にけたたましく鳴り響くジャズが、いかにも深作らしい。

4

ファンキーハットの快男児　二千万円の腕

公開／昭和三十六年九月十三日　上映時間／五三分　ニュー東映東京作品
企画／根津昇　渡辺洋一　脚本／田辺虎男　池田雄一　撮影／内田安夫　音楽／三保敬太郎
出演者／千葉真一　中原ひとみ　岡本四郎　波島進　花沢徳衛　潮健児　他

『ファンキーハットの快男児』の二作目は、甲子園球場での高校野球全国大会の試合から始まる。辣腕のピッチャー川原（小川守）が卒業後、どのプロ野球々団に入るかが注目されており、客席には各球団のスカウトたちが食い入るように試合を見ている。その中に「こら、商売になりますね」などと語り合っている、うさん臭い二人組がいる。その一人が、川原の故郷のボス黒谷（神田隆）であり、川原を食い物にして後に事件を引き起こす。

タイトルの「二千万円の腕」とは、川原の契約金を意味する。プロ野球にドラフト制度が導入されたのは、この作品より四年後の昭和四十年のこと。それまでは新人選手の獲得はやった者勝ちであり、水面下で泥々とした争いが繰り広げられた。小林正樹監督が松竹大船で撮った『あなた買います』（昭和三十一年）なども、こうした争奪戦の裏側を描いた作品だ。

ストールを顔の露出部分が少ないように巻き付ける、いわゆる真知子巻きにして登場するのがヒロインの美矢子（中原ひとみ）。彼女はスポーツ記者で、川原を追っている。

ところが美矢子の見合い相手だった整形外科医のインターンが、酒に酔って溺死体で川で発見された。と同時に、川原も姿を消す。美矢子に一目ぼれした天下一郎（千葉真一）が謎を追ったところ、川原の争奪戦がインターンの死に関係していることが分かってくる。川原が交通事故で右腕を怪我したことを知ったインターンを、黒谷らが事故に見せかけ消したのだ。広大な屋敷に住む黒谷は、戦後が生んだ悪しき資本主義の権化のような男として描かれる。

川原は、天下一の相棒である近藤茂（岡本四郎）の同郷の後輩。天下一は茂とともに川原の故郷に乗り込み、事件を解決する。この故郷のロケ地が面白い。脚本では「長野県・ある駅前」となっているが、実は千葉県の内房線浜野駅でロケをしている。つづいて黒谷が観光事業を仕切っている、軍艦島が出て来る。ここに川原を隔離し、黒谷は後援会と称してプロ野球球団と契約金の交渉をしていたのだ。脚本では島ではなく、「湖畔の廃屋」となっている。

ところが浜野駅の近くに、こんな島は見当たらない。軍艦島に見立てられたのは、神奈川県横須賀市の猿島《さるしま》である。東京湾に浮かぶ最大の島だが、この映画撮影直前までアメリカ軍に接収されていた。ようやく返還されたので、脚本を改変してまでロケに使ったのだろう。

「神風タクシー」が出て来るのも興味深い。神風の与三郎（潮健児）が乱暴に運転するタクシーが、川原を跳ねたのだ。与三郎のとぼけた演技が笑わせるが、当時、利益優先で交通ルールを守らないタクシーは「神風タクシー」と呼ばれ、社会問題化していた。

5

白昼の無頼漢

公開／昭和三十六年十一月一日　上映時間／八二分　ニュー東映東京作品
企画／大賀義文　脚本／佐治乾　撮影／星島一郎　音楽／河辺公一
出演者／丹波哲郎　久保菜穂子　曽根晴美　中原ひとみ　アイザック・サクソン　春日俊二　他

各五千フィートの中篇四作で監督としての力量を認められた深作は、七千五〇〇フィートの長篇『白昼の無頼漢』を撮ることになる。デビューの年で、これを入れると五本という多作ぶりだが、当時は東映とニュー東映を合わせて二百本以上を量産していた。

もともとは村山新治監督が別の映画を撮る予定だったのが流れて、十一月のシルバーウィークの番組に穴が明くとの理由から、急きょ任されることになったのだという。与えられた時間はわずか二週間。「たまたま佐治乾《さじすすむ》の書いたシナリオがあって、ギャングが銀行襲撃をやる話だったんで、乗ったんです」（『映画監督　深作欣二』）と、深作は述べている。無理を承知で引き受けるほど、この話にほれ込んだのだろう。

深作が、よほど愛着を抱いていたことは、ずっと後年に撮る『いつかギラギラする日』（平成四年）というアクション映画が、『白昼の無頼漢』のリメークになっていることからもうかがえよう。現金輸送車を襲ったギャング団の中から男女一組が現金を持ったまま逃げ、残りのギャングがそれを追い、さらに漁夫の利を狙って暴力団が追いかけて来るという骨格部分は、ほぼ同じだ。ただし、時代を鋭く切り取って生々しく見せてくれるという点で、『いつかギラギラする日』は『白昼の無頼漢』に遠く及ばない。もっと評価されてもよい、凄い作品だ。

物語は、米軍基地出入りの現金輸送車襲撃を企む宮原（丹波哲郎）という謎の男により、ギャング団が結成されるところから始まる。宮原は「俺は道徳的な男なんだ」と口にするが、本音は「道徳」が生きてゆく上で一番邪魔になると悟っている。

集められたのは、ひそかに殺人をしてやくざに追われる米軍の黒人兵トム（アイザック・サクソン）、韓国・北朝鮮の二重スパイとして暗躍する金山こと洪全成（春日俊二）、日本を食い物にしようと企む不良アメリカ人のケンディ（ダニー・ユマ）とその妻アン（ラヴィン・シェルトン）で、みなスネに傷持つクセ者ばかり。宮原に弱みを握られているのと、元来の強欲のせいで誘いを断れないのだ。これに宮原の女・亜紀（久保菜穂子）と弟分の三郎（曽根晴美）、さらに混血の少女・花子（中原ひとみ）が加わる。

花子は女グセの悪いトムをおとなしくさせるため、「子供には玩具が必要」と、宮原が売春街から僅かな金で買って来た少女だ。ところが、トムとの間に純な愛情が芽生えてゆく。社会の底辺で虐げられ続けて来た男女が、心寄せ合う。英語が分からないという花子に、たどたどしい日本語で話しかけるトムが、なんとも切ない。

日本の売春婦と黒人兵との間に生まれたという花子を、中原ひとみは巧みに演じている。

「本当に汚れ役なんで、こっちは少し遠慮があったけれども、本人は喜んでやってましたね」（『映画監督 深作欣二』）と、深作が語っているのもよく分かる。ちなみに、「黒人の部分」は深作が脚本を改変して膨らませたらしい。

前半の宮原の台詞にも圧倒される。

「さすがは韓国人だな。勘がいいな。李ラインで日本の漁船が捕まるはずさ」

「白、黒、黄色、それを顎で使って外国の金をいただくんだ。誰が死のうと大した問題じゃあないよ。戦後の日本人で、こんなすばらしいことを考えついた奴がいるかい」

人種差別の問題に、正面から切り込んでいるわけではない。ともかく登場人物たちは生きることにがむしゃらで、考えている余裕がないといった感じだ。

ＧＨＱ（連合国軍最高司令官総司令部）による占領が解かれてから、十年ほどしか経っていない日本だ。「本物」だらけなのが、この作品の大きな魅力であり、現代からすると記録映画のようでもある。

宮原役の丹波哲郎は外国人相手に、流暢な英語の台詞を堂々と喋る。現実の丹波は中央大学で英会話部に籍を置き、戦後は外務省臨時嘱託という身分でＧＨＱの通訳を二年もやったという経歴を持つという（『大俳優丹波哲郎』平成十六年）。これは説得力があって、当然だ。

白人のケンディ役は在留アメリカ兵、その妻アン役も素人だという。一番強烈な印象を残す、黒人兵トム役などは、どのような経歴を持つ俳優かと思いきや、これも素人らしい。深作は次のようなエピソードを披瀝している。

「黒人は最初はおどおどして、だんだん良くなってきた。彼もアメリカ兵で、撮影の途中で外出がすぎると上官に怒られて、クビだと脅されたんですね。本人はびびり上がって撮影に来ない（中略）そこで、向こうのやつはカミさんに弱いから、金を渡してカミさんに口説かせろとなった。すると、『ノーノーノー』と言うのをカミさんが一所懸命に口説いてくれて『行きましょう、大丈夫だから』と連れて来てくれた（笑）」（『映画監督　深作欣二』）

「本物」の最たるは、ラストの派手な大銃撃戦が行われるゴーストタウンだ。ここでギャング団も暴力団も全滅し、唯一生き残った花子が拳銃をぶっ放して空しいエンドマークが出る。花子が生まれ育った米軍演習場跡との設定だが、どうもセットに見えない。深作は言う。

「あれは山中湖の近くに米軍のキャンプ地があったんです。特殊飲食街、特飲街といってましたが、そういう仕事をする女性がいて進駐軍の兵士たちに酒を飲ませて慰安する場所で、それが時代の流れとともに変わっていって廃墟になっていた。ロケハンで見つけて、ここがいいと勝手にいろいろと変えたり継ぎ足したりして。あの廃墟を発見したときは嬉しかったですね（中略）銃撃戦の場所を選ぶときに、少年期に体験した焼け跡闇市の感覚がふと蘇ったのかもしれません」（『映画監督　深作欣二』）

6

誇り高き挑戦

公開／昭和三十七年三月二十八日　上映時間八九分　東映東京作品
企画／亀田耕司　加茂秀男　矢部恒　脚本／佐治乾　撮影／星島一郎　音楽／河辺公一
出演者／鶴田浩二　丹波哲郎　大空真弓　梅宮辰夫　中原ひとみ　山本麟一　他

本作は最初、『白昼の無頼漢』と同じ佐治乾脚本による、ギャング映画として企画されたという。だが実際は予定されていたドンパチの部分が消え、占領時代の影を引きずるふたりの「戦中派」の男を主人公にした社会派サスペンスになっている。

オープニングはけたたましいジャズ音楽が鳴り響き、日米安保条約や米軍基地に反対する闘争、列車転覆事件など当時の世相を表す数々の報道写真が矢継ぎ早に映し出される上に、スタッフ、キャストが重なる。この高揚感、疾走感、いかにも深作映画だ。

業界紙「鉄鋼新報」の黒木（鶴田浩二）という記者が軍需工場を訪れ、東南アジアへの武器密輸を嗅ぎつけるところから、物語は始まる。その国の反革命派は亡命と称して来日し、ひそかに武器買い付けのため奔走。一方の革命派も、日本に潜り込んでいた。

革命派に武器を斡旋して巨利を得ているのは、高山（丹波哲郎）だ。高山は戦時中は日本軍部の特務機関で働き、戦後はＧＨＱの諜報員となった男である。実は黒木は大手新聞社の記者だった十年前、占領下の日本でＧＨＱの諜報活動を暴こうとしたが、高山から壮絶な拷問を受けたすえ新聞社を解雇された過去を持つ。だから今回も高山が絡んでいると知り、「久しぶりに腹が立ったんだ」と、義憤に駆られる。そして公表出来なかった以前の事件の真相や、権力と癒着した高山らの犯罪を暴こうとする。お前は根性が腐っていると責める黒木に高山は、「戦後の日本人に根性なんてもんは無いよ。無いものは腐るわけはあるまい」と、冷ややかに開き直る。かれもまた国家に裏切られ、誰も信用することが出来なくなった悲しき「戦中派」なのだ。だが、同じ「戦中派」の黒木は高山に対し、同情も共感もない。

ある時、黒木は武器密輸を阻止しようと企む革命派のアジトに乗り込んで行く。そして「同じアジア人として手を結ぶことは出来ないかね」と持ちかける。ところがパブロ（山本麟一）ら革命派側から、きっぱり断わられてしまう。この時の台詞は、日本が戦争遂行のスローガンとした「大東亜共栄圏」の構想を徹底して否定する。

「太平洋戦争の時も、ジャポネはそう言った。しかし私たちの手を結んでいたのは、いつの間にか鉄の鎖に変わってしまった……朝鮮戦争で日本経済は立ち直る。そして又よその国の戦争で儲けようとしている。アジアの歴史は日本人信用するなと教えている」

こう言われると、黒木は抗弁出来ない。戦後十七年しか経っていない頃の作品だけに、日本人がアジアに抱いていた罪悪感が描かれる。

大手新聞社や業界紙までも事なかれ主義で、見ざる・聞かざる・言わざる方針だ。黒木は、占領が解けても変わらない大手新聞社の元同僚たちに失望しながらも、苦しい戦いを続けようとする。だが、反革命軍が買った武器を積みこんだ船は高山の機知により、まんまと税関をくぐり抜け、日本を離れてゆく。すると高山は、船の寄港先の情報を今度は革命軍に売って、またもひと儲けを企む。結局、発覚を恐れた背後の組織により、高山は抹殺されてしまう。新聞は、やくざの縄張り争いだと片付けるが、黒木も高山も日本の闇を支配するアメリカに翻弄されていたように描かれており、だから公開当時から「反米映画」とされた。それは「思想」ではなく、「何か右翼のシッポを引きずっている」「ある種の正義感」「戦中派の情念」で描いたのだと、後に深作は語っている（『映画監督　深作欣二』）。

マスコミの世界からもはじき出された黒木は、警視庁に訴えに行くが、相手にされない。それでも好意を寄せてくれる女子大生（大空真弓）から励まされた黒木は、それまで外さなかった黒サングラスを外し、まぶしい光に当惑しながらも国会議事堂を凝視するところでエンドマークが出る。

昭和三十五年（一九六〇）、作家松本清張が戦後ＧＨＱの占領下で起きた数々の不可解な事件を題材としたノンフィクション『日本の黒い霧』を発表し、「黒い霧」が流行語になっていた。深作は『日本の黒い霧』

誇り高き挑戦
（DVD 発売中　4,500 円 + 税
発売元：東映ビデオ）

とポーランド映画の影響を受けたことを、認めている（『映画監督 深作欣二』）。占領が終わり十年が経ち、日本人もようやく物が言えるようになったのだ。日活がつくった熊井啓監督『日本列島』（昭和四十年）なども、同系統の作品と言えよう。

もと海軍の予備生徒だった鶴田は、特攻隊で散った若者たちの「英霊」に寄せる思いが強く、遺族会にも協力していた。そのため「特攻崩れ」とのイメージまで創られ、週刊誌沙汰になったこともある。一方の丹波は『白昼の無頼漢』のところでも述べたとおり、ＧＨＱで通訳を務めたという経歴の持ち主で、外国人相手に流暢な英語の台詞を披露する。実生活でも「戦争」「戦後」を引きずっていた「戦中派」二人の対決は、演技以上に訴えて来るものがある。

本作の脚本づくりには時間がかかったと、深作は語っている。私が所蔵するのは『真昼の傷痕』のタイトルだった、初期のころと思われる脚本。完成した本編とは台詞などが随分異なっており興味深いのだが、たとえば黒木の助手を務める一流大学出の畑野（梅宮辰夫）の人物像も、当初はもっと掘り下げるつもりだったらしい。削除された中には、畑野が「ドルはいいもんだなァ。千円と云ったらつまんないけど、千ドルと云えば大したもンだからな」と悪びれずに言い、黒木を呆れさせるシーンがある。アメリカに素直に憧れる戦後世代の若者の視点も入れようとしていたのだ。それを加えていたら、かなり違う雰囲気に仕上がっていたはずだ。

7 ギャング対Gメン

公開／昭和三十七年十一月二日　上映時間　八三分　東映東京作品
企画／岡田茂　矢部恒　脚本／但島栄　撮影／山沢義一　音楽／河辺公一
出演者／鶴田浩二　丹波哲郎　佐久間良子　砂塚秀夫　織本順吉　千葉真一　他

戦前、東京横浜電鉄（現・東京急行電鉄＝東急）の資本下、東京渋谷で映画興行を行っていた東横映画という会社があった。これが戦後、東映となって映画興行好景気の波に乗り、活発な制作活動を開始する。

ただしGHQの占領下では、封建思想の助長、敵討ちの賛美などの理由から、時代劇映画はつくれなかった。行き場を失ったかつての時代劇スター片岡千恵蔵《かたおかちえぞう》や市川右太衛門《いちかわうたえもん》らは新天地を求めて東映に移り、そこでギャングや探偵に扮して現代劇に出演する。

ところが昭和二十七年（一九五二）四月、対日平和条約の発効で日本の占領が解かれるや、東映は娯楽色あふれる時代劇を量産するようになった。「時代劇の東映」と呼ばれ、千恵蔵ら御大に加えて中村錦之助《なかむらきんのすけ》・東千代之介《あずまちよのすけ》・大川橋蔵《おおかわはしぞう》ら歌舞伎や日本舞踊の御曹司たちが次々と銀幕デビューを果たし、活気づく。

忘れ去られつつあった東映ギャング映画の路線を活性化させたのは、新東宝から移って来た石井輝男《いしいてるお》監督だ。石井監督の『花と嵐とギャング』（昭和三十六年）や井上梅次《いのうえうめつぐ》監督『暗黒街最後の日』（昭和三十七年）は、それまでの泥臭い東映ギャング映画とは異なり、ひたすらスタイリッシュだった。

昭和二十八年、日本におけるテレビ放送が始まったが、映画会社は既得権を守るため、必死になった。そこで松竹・東映・大映・東宝・新東宝（のち日活も）がテレビに映画を売らないことや、俳優・スタッフを引き抜かせないことなどを申し合わせた。いわゆる「五社協定」である。このため日本映画はテレビ放映出来なくなり、テレビ局はアメリカからテレビドラマを輸入せざるをえなくなった。

このような事情から日本の一般家庭に入って来たドラマのひとつが、禁酒法時代のアメリカ・シカゴを舞台に、密造酒で巨利を得るギャングのアル・カポネの組織を殲滅させる、主人公エリオット・ネスら財務省捜査官たちの苦闘を描く『アンタッチャブル』だ。

商魂たくましい東映の方針のひとつは、流行を貪欲なまでに、ただちに取り入れることである。深作監督は新しい東映ギャング映画路線に投ぜられ、『アンタッチャブル』のような作品をつくるよう命じられた。

「嫌だなあと言ってずいぶん駄々をこねてたんですけれど、とりあえずやれと無理圧伏《あっぷく》に押し付けられたわけです」

と、深作は後に語っている（『映画監督　深作欣二』）。こうして、『ギャング対Ｇメン』が生まれた。深作映画初のカラー作品である。

深作は「だいたい警察の手先になるというのが気に入らない」（同前書）と、その設定に乗れなかったようだ。

足を洗って自動車修理工場を経営している東島（鶴田浩二）という男が警察から依頼され、裏社会にカムバックした振りをして、Gメンとなって辰村（丹波哲郎）率いる暴力団の三立興業を壊滅させるという物語。前半、東島が仲間を集めるところは、黒澤明監督『七人の侍』（昭和二十九年）をヒントにしたのだろう。

全体的な印象は石井監督らのギャング路線というよりも、少し前に東宝で岡本喜八《おかもときはち》監督が撮った『暗黒街の顔役』（昭和三十四年）や『暗黒街の対決』（昭和三十五年）に似ている気がする。主演が鶴田浩二だったり、自動車修理工場が舞台だったり、酒場にジャズが鳴り響いたりと、喜八ギャング映画の空気が感じられる。そう言えば深作はデビュー作の『風来坊探偵』（昭和三十六年）が岡本喜八監督の代表作『独立愚連隊』（昭和三十四年）に「ずいぶん影響されてる」と、述べているほどだ（同前書）。

前作『誇り高き挑戦』で火花を散らせた鶴田と丹波の共演も、本作では単なる勧善懲悪みたいで面白くない。前作で大幅に割愛されてしまったドンパチの場面が、ふんだんに出て来るのは会社の方針だろう。人もたくさん死ぬ。

中盤それまで謎だった暴力団の資金源が、解明される。それが密造酒づくりというのは、いささかセコい設定で拍子抜けしてしまう。ニセ洋酒をつくれば二十倍で売れると言われても、ここまで大規模な事件に発展すると、荒唐無稽ですらある。何も「密造酒」という設定まで禁酒法時代を背景とした『アンタッチャブル』を真似なくてもよかったのではないか、とも思う。ただ、作家の三島由紀夫は面白がって観たらしい。

最後は派手な銃撃戦で辰村が死に、暴力団は壊滅する。やはり戦いで死んだ仲間三人の遺体を乗せた霊柩車を見送りながら東島は、

「俺たちは、何をやったのかな。俺はいまになって、なくした物の方が大きいような気がするよ」

とつぶやく。確かに犠牲が大きすぎて、共感出来ない。そこに、エンドマークが出る。

『風来坊探偵』で初主演した千葉真一・曽根晴美コンビ、前作に続き梅宮辰夫など、この後も深作映画を支えてゆく若々しい俳優が出て来るのは楽しい。

東映の看板女優である佐久間良子《さくまよしこ》が、東島の婚約者を演じている。佐久間が出演した、唯一の深作映画でもある。しかし、深作は佐久間を十分に使えなかったことに悔いが残ったようで、後年次のように語っている。

「テンポがいいのはアクション映画として必要かもしれないけど、これだけ役者を揃えている

のに何を撮ってんねん、きれいごとばかり考えるから佐久間良子のあんな嘘芝居になる、と(笑)。彼女とはついにあれ一本しかない、僕は」(同前書)

後日、佐久間は深作の印象を尋ねられて「ええ、非常に元気な監督でした」(同前書)と答えたという。どうも深作としては未練があったようで、

「あとで松竹に行くようになったら、松竹の助監督たちは佐久間良子は最高です、と。作品に恵まれてませんでしたけどね」(同前書)

とも語っている。いまとなっては知るすべもないが、どのような役で使いたかったのだろうか。

実は平成二十六年(二〇一四)十一月、私もある仕事で佐久間良子とご一緒させていただいた。年齢を重ねても衰えない女優の絶大なオーラに圧倒されたが、控室で深作監督について尋ねたところ、

「とても元気な監督さんで……」

と、まったく同じ感想を語られたので驚いた。『ギャング対Gメン』については出演されたこと自体あまり記憶が無いようであり、深作映画の中では『蒲田行進曲』がとても良かったと話してくれた。

8

ギャング同盟

公開／昭和三十八年七月三十一日　上映時間／八〇分　東映東京作品
企画／亀田耕司　吉田達　脚本／秋元隆太　佐治乾　深作欣二　撮影／山沢義一　音楽／真鍋理一郎
出演者／内田良平　佐藤慶　三田佳子　戸浦六宏　山本麟一　アイ・ジョージ　他

東映ギャング映画路線の一本。同路線の大半がカラー作品だが、これはモノクロである。深作監督は前作の『ギャング対Gメン』にいまひとつ乗れなかったらしい。それは、アウトローが警察権力という「正義」に協力して、世のため人のために働くといったストーリーだったからだろう。そんな設定は、深作に最も似つかわしくない。この『ギャング同盟』は誰にも「正義」など無い。登場人物がみな、自分勝手な「正義」を振りかざして暴れまわっている。

深作監督は溜まっていた鬱憤を晴らすかのごとく、オープニングからぶっ飛ばす。ジャズ音楽に乗って若きアウトローたちが終戦直後の闇市をがむしゃらに駆け巡り、朝鮮動乱・戦争特需などの新聞記事が映し出される。ストップモーションが繰り返し使われて、すごい疾走感。このあたり、後の『仁義なき戦い』（昭和四十八年）第一部の闇市シーンを思わせる。

それが終わると、いきなり昭和三十八年（一九六三）の「現代」に話が飛ぶ。主人公のひとり風間（内田良平）が十年の刑期を終えて出所して来るが、迎えるのは高本（佐藤慶）ただひとり。

つづいてふたりは、渋谷駅前にやって来る。高度経済成長の真っ只中、東京オリンピックの前年だ。あちらこちらでビルの建設工事が行われている（言うまでもなく、ライブ映像である）。そんな風景を眺めながら、高本はぼやく。

「ごらんの通りさ。もう焼け跡もねえし、闇市もねえ。こう奇麗に出来あがっちまっちゃ俺たちみてえなケダモノは歩くのも不自由でよ。年々退化するばかりだ」

戦後日本の民主主義、急激な繁栄から取り残されてゆく「ケダモノ」の焦燥感。深作の思いは、この台詞に尽きるであろう。戦後日本を欺瞞に満ちたものとして捉え、居場所を失ってゆく者たちが、暴力衝動を制御しきれなくなるというのは、深作が描き続けたテーマである。

風間と高本は昔の仲間である尾形（戸浦六宏）・楠（山本麟一）・柾江（楠侑子）・志賀（曽根晴美）・ジョージ（アイ・ジョージ）に声をかけ、自分たちの縄張りを奪った巨大組織への復讐を企む。まず、会長の岸田（薄田研二）とその娘・秋子（三田佳子）をホテルで誘拐することに成功して、六千万円の身代金を組織に要求する。

ところが、組織のさらなる上層部にいる黒幕からの指示を受けた社長の宮島（平幹二朗）は大勢の殺し屋を引き連れて、風間らのアジトとなっている廃墟を取り囲む。身代金を払って岸田会長を救う気は、ない。派手な銃撃戦のすえ、風間と秋子のみが生き残る。お互い引かれ合う仲になったふたりは、次なる戦いを誓うところでエンドマークが出る。

黒幕から見捨てられた岸田会長は自殺するが、黒幕自体ははっきりとは描かれない。風間たちも、その正体が知りたいのだが結局分からない。ただ、秋子が立ち聞きした話として、チラリと「外人との取引のこと」と言った途端に岸田の顔色が変わるので、『誇り高き挑戦』（昭和三十七年）で描かれたような武器密輸が背後で行われていることを示唆する。ならば、さらなる背後で操っているのは、あの超大国ではないか。

脚本は秋元隆太、そして『白昼の無頼漢』『誇り高き挑戦』の佐治乾と深作の共同だ。ただし脚本は、撮影現場で相当深作監督が改変したようである。私が所蔵する佐藤慶が使用した脚本には特に後半、いくつものシーンが斜線で消され、かわりの号外（撮影直前に配布される、改変部分を刷った紙）が何枚も貼りつけられている。さらに号外の台詞も、いくつも抹消されていたりする。現場で悩み続けては改変を繰り返す、深作監督の表情が目に浮かぶ。

たとえば、アジトに立て籠もった風間が仲間たちに向かい叫ぶ、

「そう分かりゃ大した事はないぜ。向こうが四十二人、こっちが六人。一人頭カッチリ七人だ。昔を思い出せよ。楽な方だぜ。六人揃って出来ねえ筈はねえ。どうだ高本」

といった台詞も号外にあるから、後から現場で加えられたものらしい。このひとことで団結した弱者たちは自分たちの「正義」を貫くため、黒幕の「正義」にあくなき抵抗を続ける。

9

ジャコ萬と鉄

公開／昭和三十九年二月八日　上映時間／一〇〇分　東映東京作品
企画／関政次郎　植木照男　脚本／黒澤明　谷口千吉　撮影／坪井誠　音楽／佐藤勝
出演者／高倉健　丹波哲郎　高千穂ひづる　山形勲　南田洋子　江原真二郎　他

谷口千吉《せんきち》が黒澤明と脚本を執筆し、みずから監督した『ジャコ萬《まん》と鉄』（昭和二十四年・東宝）のリメークで、原作は梶野悳三《かじのとくぞう》『鰊《にしん》漁場』。この脚本を使い、深作に撮らせようと企画したのは東映の会社サイドだったという。その理由を後年深作自身が、次のように推察する。

「僕は『ギャング同盟』を撮って、どうも少し観念的だけれども大丈夫かなという心配をプロデューサーはしていたんでしょうね。素朴な素材がいいんじゃないかと思ったんじゃないですか」（『映画監督 深作欣二』）

すでに「ヤバイ」監督であると、会社から目を付けられていたらしい。

谷口版で三船敏郎・月形竜之介が演じた役を、高倉健・丹波哲郎がそれぞれ演じている。深作映画初出演となる高倉健は東映第二期ニューフェースのひとりとして昭和三十一年（一九五六）一月、『電光空手打ち』でデビューした。よって俳優九年目に突入しているわけだが、『高倉健　望郷の詩』（昭和五十七年）に収められたフィルモグラフィーによれば、『ジャコ萬と鉄』はなんと九十三本目の出演作だ。高倉健という俳優が、昭和三十年代の日本映画黄金期を背景に成長したことが、あらためて分かる。しかも東映任侠映画は始まったばかりで、後年定着する寡黙で堪え忍ぶような高倉健像はまだ、出来上がっていない。『ジャコ萬と鉄』のころは陽気で、実によく動き、よく喋る「健さん」だ。

高倉は学生のころから、三船のファンだったという。ふたりは『近代映画』昭和三十四年七月号で対談しているが、高倉は「(黒澤映画に)僕も一回出してもらいたいな、三船さんと一緒に」と無邪気に話し、一番好きな三船の出演作は稲垣浩監督『無法松の一生』(昭和三十三年)だと述べる。それだけに、かつて黒澤と三船がかかわった『ジャコ萬と鉄』という題材には思い入れが深かった。高倉は『赤ひげ』撮影中の三船を訪ね、挨拶している。深作は「三船敏郎を抜くことしか考えていなかったから、健さんは何でもやった」(『映画監督 深作欣二』)と語り残す。ずっと後年、黒澤は『乱』(昭和六十一年)に高倉の出演を望んだが、スケジュールが合わず断念したという。

物語の舞台は昭和二十一年(一九四六)三月、北海道の鰊漁場だ。鰊漁のシーズンになり、網元の九兵衛(山形勲)のもとに、ヤンシュウ(出稼ぎ労働者)が東北各地から集まるところから始まる。その中のジャコ萬(丹波哲郎)という片目の男は終戦時、北方から脱出するさい九兵衛に船を盗まれ、置き去りにされたことをひどく恨んでおり、何かと傍若無人に振る舞って、嫌がらせをする。そこへ海難事故で死んだと思われていた九兵衛の息子である鉄(高倉健）が帰って来る。鉄は強欲な父の人使いの荒さに批判的だが、ジャコ萬とも対立を繰り返す。やがて鰊の大群がやって来るが、九兵衛にこき使われて来たヤンシュウたちがストライキを起こした。一同を代表した鉄が求めた割増金を九兵衛が承諾したため、ヤンシュウたちは海へ出てゆく。ところが、ジャコ萬が船の元綱を断ち切ろうとする。それを止めようとする鉄ととっくみ合いの喧嘩をするジャコ萬だが、懸命になって鰊を獲るヤンシュウたちの掛け声が響いて来ると、やがて復讐心が消えてゆく。ジャコ萬は、自分を追いかけて来たユキ（高千穂ひづる）という女を連れ、漁場を去る。ヤンシュウたちも給金を受け取り、それぞれの家路に就く。鉄もまた、船乗りに戻ると言って旅立つ。

谷口版とほぼ同じ脚本で撮っているのだが、随所に深作監督らしさが見え隠れする。酒盛りの席で鉄がヤンシュウを前に、南方で覚えたという珍妙な歌と踊りを延々と披露する場面が面白い。谷口版でも同じ場面（歌と踊りは違うが）があるのだが、深作版の方が断然ノリがいい。深作は「あのシーンは、面白いものだから、つい長くなっちゃって」（前掲書）と語っているほどだ。その後につづくジャコ萬と鉄の殴り合いも、激しく長い深作版の方が迫力がある。ストライキという労働問題の描き方も、深作版の方が力が籠もっている気がする。

深作版の大きな特徴は、鉄の恋の結末が描かれていることだろう。日曜ごとに鉄が出かけてゆくのは、ある開拓農家。そこは海で死んだ鉄の旧友の家であり、その父と妹（入江若葉）が暮らしている。鉄は旧友の妹にひそかに思いを寄せているらしく、農作業を手伝いに通う。漁場を去った鉄が訪ねるのはこの農家なのだが、かの女は恋人らしい若い男と一緒に楽しそうに仕事に励んでいる。遠目でそれを見て、自らの失恋を確認した鉄は少しほほ笑み、船の待つ港へと向かってゆく。鉄の背中に、エンドマークが出る。

実はこの場面、深作版の脚本の段階でもかの女の恋人の男は登場しない。父と娘の二人が、いつもどおり汗を流して働く姿が描かれる。そして「微笑を浮かべて、見守っていた鉄、やがてそっと踵《きびす》を返して立ち去って行く」となる。ちなみに谷口版では鉄が思いを寄せるのは、町の教会の日曜ミサでオルガンを弾く少女（久我美子）だ。深作版に残っていた「あの娘と日曜日に会うんでな。土曜日に面をなぐられると困るんだ」という鉄の台詞は、このミサと関係する。荒々しい鉄とエレガントな少女のギャップが印象的で、もちろん一度も言葉を交わすことはない。旅立つ鉄が教会を覗いた時も、少女はオルガンを弾いており、別に恋人がいる気配はない。なぜ、深作は鉄の恋を決定的に潰してしまったのだろうか。

屋外の場面の大半は、北海道積丹《しゃこたん》町出岬《でさき》町の日本海に面した島武意《しまむい》海岸や積丹原野で昭和三十八年十二月三日から十七日にかけて撮影された。「それで雪が少ないんですね。協力してくれる漁港がそこだけだったんですが、吹きっさらしだから雪が積もらない」（前掲書）と述べている。

10

狼と豚と人間

公開／昭和三十九年八月二十六日　上映時間／九五分　東映東京作品
企画／吉野誠一　吉田達　脚本／佐藤純彌　深作欣二　撮影／星島一郎　音楽／冨田勲
出演者／三國連太郎　高倉健　北大路欣也　中原早苗　石橋蓮司　江原真二郎　他

東京下町のスラム街で育った三兄弟が、骨肉争う物語。脚本は深作と、のちに『敦煌《とんこう》』（昭和六十三年）や『男たちの大和　YAMATO』（平成十七年）などの大作映画の監督となった佐藤純彌《じゅんや》である。佐藤は深作より、二つ年少の昭和七年生まれだ。

映画が公開された昭和三十九年（一九六四）は九月に東京モノレールが開業、十月には東海道新幹線が開通し、東京オリンピックが開かれた、高度経済成長を象徴するような年である。ところが大都会の片隅には、そのような波に乗れず、這い上がることすら許されなかった者たちもまた大勢いたのだ。

長男の黒木市郎（三國連太郎）は十年前にスラムから逃げ出して、暴力団の岩崎組に入り、そこそこの地位にのし上がっている。

次男の次郎（高倉健）も五年前に組織の傘下に入ったものの、面白くないからいまは一匹狼となり、金持ちの愛人杏子（中原早苗）のヒモになっている。

三男の三郎（北大路欣也）は二人の兄に凄まじい憎悪の念を燃やしながらも母の最期を看取

り、同じスラムの仲間たちと身を寄せ合って生きている。

次郎は自由を求め、日本を飛び出したくて仕方ない。その資金を得るため、相棒の水原（江原真二郎）と岩崎組の麻薬取引現場を襲い、現金・麻薬を両方とも強奪する計画を立てる。

次郎と水原はスラムを訪れ、三郎とその仲間数人を計画に加えた。そして強奪はまんまと成功するのだが、体よく利用されたと知った三郎は、奪った現金と麻薬（合計で四千万円分という）をどこかに隠してしまう。憤慨した次郎と水原はスラムの廃墟に三郎とその仲間を監禁し、拷問する。仲間の指を万力《まんりき》に挟んで潰してゆくのだが、三郎は決して口を割ろうとはしない。ついに三郎は、みずからの指をレンガで叩き潰す。

そんなおり、岩崎組が次郎たちの仕業であると嗅ぎ付け、廃墟を取り囲む。自分の地位を守るために必死の市郎は、三郎たちを説得しようとする。水原は助かるため、三郎を殺そうとするが、次郎に撃ち殺される。

絆を取り戻した次郎と三郎は、市郎にも仲間に加わって一緒に抵抗しようと呼びかけるが、市郎は躊躇し拒む。つづいて岩崎組の猛攻撃が始まり、次郎・三郎・杏子、仲間たちも銃弾に斃れてゆく。結局、金と麻薬の行方は分からないままだ。

すべてが終わり、空しくスラムを立ち去ろうとする市郎の背に、それまで傍観していた住民のひとりがネズミの死骸を投げつける。すると次々と石つぶてが投げられて、エンドマークが出る。仲間を裏切らなかった三郎が「人間」、身勝手ながらも、結局は弟を庇った次郎が「狼」、二人の弟を見殺しにして組織に尻尾を振った市郎は「豚」なのだろう。

スラムのロケは、東京都江東区の枝川町《えだがわ》で行われたという。いたる所にゴミがうず高く積まれ、野良犬が走り回り、バラックが軒を並べる風景が生々しく記録されている。

枝川は昭和十五年、東京オリンピック（幻に終わった）の用地確保を名目に、近郊に住んでいた在日コリアン約一千人が集団移住させられた埋立地だ。昭和二十四年四月には集団窃盗犯の犯人を追う警官が、住民たちから激しい暴行を受けた「枝川町事件」が起こったことでも知られる。深作はロケ当時の思い出を、次のように語る。

「あれは枝川町といいまして、もうゴミをどんどん運んできて、臭いの臭くないの。オーバーじゃないかと思うかもしれないけれども、実際あのとおりで、ハエがブンブンいて日本脳炎にかかるというんで、みんな夜間ロケに行くときには注射を打っていくんだから（笑）。臭いのが迫力になるだろうと撮り終わったときには思ってたわけですが、臭さは画《え》には出ませんね（笑）」（『映画監督 深作欣二』）

だが、その枝川も隣の豊洲の再開発が進んだお陰もあってか、往時の面影は薄れつつある。

いまから十数年前、突如として昭和三十年代ブームが起こった。じっさいの昭和三十年代とは、現代と比べても日本人の多くはまだまだ貧しく不潔な暮らしを強いられており、治安も決して良いとは言えなかった。にもかかわらず、理想郷のごとく、さまざまなメディアが懐古的に持ち上げてゆく。

そんなブームの産物に、映画『ALWAYS　三丁目の夕日』シリーズがある。特に同映画の三作目（平成二十四年）は昭和三十九年に舞台が設定されており、そのプログラムには「戦後19年目にして見事な復興を遂げ、オリンピックの開催国となった日本は、高度経済成長の真っただ中にあり、活気にあふれていました」と、述べられている。

この三作目と『狼と豚と人間』を見比べると、同年の日本なのかと思うくらい、明暗の差に愕然とさせられる。しかも『三丁目の夕日』でCGで再現される華やかな銀座と、ロケ地枝川は自動車で二十分ほどしか離れていないのだ。光があれば、必ず闇があることを教えてくれる作品である。他に現金強奪シーンは、白昼の渋谷駅で撮影されていたりと、見所が多い。

高倉健が珍しく汚れ役を演じているが、かれはこの直前の主演作であるマキノ雅弘監督『日本侠客伝』で一躍、任侠映画の看板スターにのし上がろうとしていた。東映の十八番だった明るく楽しい時代劇は廃れ、工藤栄一監督『十三人の刺客』（昭和三十八年）に代表される、リアルで残酷な政治的暗殺を主題とする集団抗争劇が流行していた。間もなく時代劇自体がつくられなくなり、東映の主流は任侠映画になってゆく。

11 脅迫《おどし》

公開／昭和四十一年二月十七日　上映時間／八四分　東映東京作品
企画／秋田亨　脚本／深作欣二　宮川一郎　撮影／山沢義一　音楽／冨田勲
出演者／三國連太郎　春川ますみ　保積ぺぺ　西村晃　室田日出男　三田健

『狼と豚と人間』は興行的に失敗した。それで本人曰く、「仕事をする気がしなくなった」(『映画監督 深作欣二』)らしい。プライベートでは女優の中原早苗と結婚したり、体を壊したりと、忙しかったようだ。こうして一年半のブランクを経てつくったのが、どことなくヒッチコック作品のような雰囲気を持つ、『脅迫』というサスペンス。脚本は新東宝出身の宮川一郎と共同で書いている。

戦後の繁栄から取り残されるアウトローを好んで描いて来た深作が、『脅迫』の主人公にしたのは、大手広告代理店の営業部長である三沢(三國連太郎)という小市民だ。東京郊外の平屋建の一軒家に、妻弘子(春川ますみ)と小学生の息子正夫(穂積《ほずみ》ぺぺ)と三人で暮らしている。当時のサラリーマンが憧れたマイカーも持っており、小市民としてそこその暮らしぶりだ。

そこへ突然、医師(三津田健)の孫である赤ん坊を誘拐して来た、未決死刑囚の脱獄犯川西(西村晃《こう》)とサブ(室田日出男《むろたひでお》)が逃げ込んで来る。平凡で幸せな家庭は一転。いくら欲しい

のかと問う三沢を川西は、

「ムリすんな。ちょっと見には結構な暮らしぶりだが、どうせ月賦、月賦で追っかけられて、火の車なんだろ。いまどきのサラリーマンて、そんなもんだ」

とあざ笑う。犯人たちは三沢を使って、医師から身代金を奪おうとするが、私服刑事が張り込んでいたりして上手くいかない。途中、三沢は人質にとられている妻子を捨てて逃げ出そうと考えるが、寸前のところで思い止どまったりする。最後は意を決した三沢が逆襲して、サブは逮捕され、川西は電車に跳ねられる。解放された妻子と抱き合う三沢と、孫を取り戻して喜ぶ医師がマスコミの記者に囲まれてエンドマークが出る。

三沢の車に乗る川西が、運転はどこで覚えたかと尋ねる。三沢は軍隊だと答え、川西も自分も兵隊に行っていたと言う。川西は戦地で人を殺し、強姦もしたらしい。それを知った三沢は「あんたは平気だったんですね」とつぶやく。いずれも、軍隊経験を引きずっている戦中派である。深作作品らしくないのは、犯人たちにほとんど感情移入していないこと。かといって、みずからの保身に必死になる三沢も、共感出来る人物としては描かれていない。だから、妙な後味を残す。

身代金受け渡しのため、三沢が都心を歩き回るのだが、ほとんどはゲリラ的にロケ撮影された。このため昭和四十年の銀座・上野・新宿などの師走風景が記録されているのも楽しい。

12 カミカゼ野郎　真昼の決斗

公開／昭和四十一年六月四日　上映時間／九〇分　にんじんプロダクション＝國光影業股有限公司作品（東映配給）
企画／田畑稔　施茂生　脚本／深作欣二　太田浩児　池田雄一　撮影／山沢義一　音楽／八木正生
出演者／千葉真一　白蘭　大木実　高倉健　国景子　室田日出男　他

おなじみの岩に波が砕ける東映三角マークにつづき、にんじんプロダクションと國光影業股有限公司の合作である旨のクレジットが出る。にんじんプロダクションは岸恵子・久我美子・有馬稲子を中心に昭和二十九年（一九五四）に発足した「にんじんくらぶ」が前身。國光影業は台湾の映画会社ではなく、製作委員会みたいなものだという（『映画監督　深作欣二』）。にんじんプロダクションが起死回生を目指し、東映にアクション映画の製作を依頼して来た。

深作は「アクション映画がそんなことでうまく成立するのかという不安もあったんですけど、外国ロケはやったことがなかったし、外国のことも少し経験しとかないといけないんじゃないかということで始めました」（前掲書）と、後年語っている。

主人公の御手洗健（千葉真一）は民間の航空会社パイロットだが、身に覚えの無いことが続き、台湾でのダイヤモンド争奪戦に巻き込まれてゆく。戦時中、日本軍が台湾の民間からダイヤ（映画公開当時で二百億円とされる）を徴収。それを敗戦時、返還すべきだと主張した御手洗なる人物を、三人の軍関係者が殺した。だが、ダイヤは御手洗が台北のどこかに隠したため、行方不明。軍関係者の生き残りの陰謀で、健はこの御手洗の遺児にでっち上げられていたのだ。結局ダイヤは発見され、奪い去られるところを健が取り戻し、台湾政府から表彰される。

アクションは、さすがにキレがいい。ただ、目新しいストーリーでもなく、特に見るべきものはない。かつての風来坊やファンキーハットの後日談を、同じ千葉で撮ったような印象だ。二年後にはじまる、スパイアクションのテレビドラマ『キーハンター』（千葉ら出演、深作監修）の助走と見る向きもある。高倉健が友情出演的に出るが、これが深作との最後の仕事になった。高倉はスターも「映像の一部」と考える深作の演出に、なじめなかったらしい（相原斎ほか『健さんを探して』平成二十七年）。役柄は毎朝新聞の記者黒木、なんと『誇り高き挑戦』で鶴田浩二扮する記者がクビになった新聞社名、演じた役名と同じで、遊び心を感じさせる。こちらの黒木は、ダイヤを隠した御手洗の本当の遺児という設定。ヒロインの新聞記者香蘭役の白蘭は、当時台湾の人気スターだった。

ちなみに日清戦争後、日本の統治下に置かれていた台湾は、敗戦により蒋介石率いる中国国民党のものとなる。つづいて一九四九年、中国大陸で中華人民共和国が誕生し、内戦で敗れた蒋介石ら国民党政権は台湾に移って来た。国民党は台湾を徹底して「中華民族化」しようとするも次第に国際社会の中から孤立してゆく。この作品は、そんな台湾で撮られた。

13 北海の暴れ竜

公開／昭和四十一年十月二十二日　上映時間／八五分　東映東京作品
企画／植木照男　太田浩児　脚本／佐治乾　神波史男　撮影／山沢義一　音楽／冨田勲
出演者／梅宮辰夫　谷隼人　高城丈二　山城新伍　清川虹子　安部徹　他

深作監督と言えばやくざ映画の名手のように思う人も多いようだが、実はやくざが主人公になったのは監督十三作目となる、この『北海の暴れ竜』が初めてだ。当時の東映は時代劇がすっかり姿を消し、京都撮影所を中心に任侠映画が主流になりつつあった。深作のホームグラウンドである東京撮影所でも、前年に高倉健の『昭和残侠伝』がヒット、シリーズ化されている。

だが、深作はそうした波にどうも乗れなかったらしい。「やくざ映画の構造、任侠映画的構造、義理人情的構造、その義理人情のあり方がよくわからないというような。それはずっと一貫して任侠映画についてもあった疑問ですね」（『映画監督　深作欣二』）と語っている。終戦を境に価値観が一八〇度急転するのを十五歳で目の当たりにした世代にとり、一方的に義理人情というのは、どうもうさん臭くて信用出来なかったのだろう。『北海の暴れ竜』も一応任侠映画ではあるが、任侠映画独特の美学が、あまり感じられない不思議な作品である。

物語の舞台は北海道の漁村（ロケ地は千葉県らしい）。網元・山形家の次男である次郎（梅宮辰夫）が久しぶりに帰って来る。ところが家は没落し、漁師たちは冷酷なやくざの芦田組に支配、搾取されていた。しかも、次郎の父は芦田組に殺されたらしい。頭に血が上った次郎はまず単身芦田組に殴り込むが、返り討ちにされる。芦田組長（安部徹）の息子（室田日出男）がサディスティックな表情で、次郎の刺青の背中に激しく鞭打つ場面が不気味だ。

ここで前半の派手な見せ場が終わり、後半はひたすら忍耐のドラマである。敵味方の双方をあざむくため、次郎が博打や酒に手を出すところは『忠臣蔵』の祇園で遊び惚ける大石内蔵助だ。ただ、大石と違い、忍耐作戦の理由がよく分からない。しかも張本人が真っ先に無鉄砲な殴り込みをやっているのだから、説得力に欠ける。そんな中、弟の真吉（谷隼人）は仲間の敏（岡崎二朗）とともに祭の晩、芦田らを襲うが失敗して真吉は殺されてしまう。

あこぎな芦田組に漁師たちの堪忍袋の緒が切れ、次郎たちはついに立ち上がる。そのさい、芦田組の用心棒で次郎と対立しながらも、シンパシーを感じていた熊井（高城丈二）が次郎方に味方するのも、任侠映画のパターンだ。最後は海岸で決闘となり、芦田の息子は熊井と一騎打ちのすえ相打ちとなる。息子の死に半狂乱となる芦田の姿を見ると、次郎は止めを刺すことが出来ない。漁港に、再び平和が戻って来るところで終わる。

任侠映画の隆盛により、足場が失われてゆくと感じた深作は「これは東映にいるんだったら撮れないなという認識はどんどん強くなってました」（前掲書）と、当時の思いを語る。

14

解散式

公開／昭和四十二年四月一日　上映時間／九三分　東映東京作品
企画／俊藤浩滋　矢部恒　脚本／松本功　山本英明　深作欣二　撮影／星島一郎　音楽／冨田勲
出演者／鶴田浩二　渡辺文雄　渡辺美佐子　金子信雄　小松方正　丹波哲郎　他

東映任侠路線の絶頂期に、その嘘臭さを嫌っていた深作監督が撮った任侠映画。プロデューサーは任侠路線の生みの親で、当時飛ぶ鳥を落とす勢いだった俊藤浩滋《しゅんどうこうじ》である。前作『北海の暴れ竜』を観た俊藤から、「あれはやくざ映画じゃないよ。俺のところへ来い、やくざ映画の本当の作り方を教えてやる」と言われた深作は、「参ったなあ、こりゃ」と思って撮ったようだが（『映画監督 深作欣二』）、結果しっかり、深作版の任侠映画になっているのが面白い。

任侠映画の大半は戦前か終戦直後が舞台だが、『解散式』は現代劇である。また、任侠映画と言うが、正確に言うと「やくざ」は出て来ない。やくざが警察の圧力により「堅気」になり、表向きは「正業」に就いてから、どうするかといった物語だ。その背景に、全国の主だった組織が解散に追い込まれた、昭和三十九年（一九六四）から始まる警察庁のいわゆる第一次頂上作戦がある。「解散式というものを通じてやくざがどう衣替えをしたかというようなことは、現代のテーマとしてありうる」と深作は語るが（前掲書）、こうした悪の合法化を暴こうというのは後年の『仁義なき戦い』にも通じるテーマだ。

関東三和会という暴力団の大組織が、傘下の組織とともに荘厳な解散式を行うところから始まる。頂点に立つ川島（内田朝雄）が、自分たちは「世のため、人のため」働いて来たのだがうまくゆかぬので、「それぞれの正業」に就くことにしたとの旨のわざとらしい誓書を読み、会旗を焼くシーンに重なってスタッフ・キャストが紹介されてゆく。

つづく場面は一転し、テレビを万引きしたチンピラ三人が渋谷の町中を疾走するのをカメラが追う。深作にとり、テレビは高度経済成長の象徴だ。チンピラたちが住むのは、埋立地の上に出来た繁栄から取り残されたスラムである。それは、『狼と豚と人間』の三郎（北大路欣也）と仲間たちを彷彿とさせる。いや、『解散式』は『狼と豚と人間』の続編と言っても良いかも知れない。

このスラムから住民を立ち退かせ、石油コンビナートを建設しようと、二つの建設業者がそれぞれ政治家をバックにして、激しく醜い利権争いを繰り返している。ついには、あまりの酷い仕打ちに耐え兼ねたスラム側のひとりが、悪辣な建設業者と政治家に刃を向ける。

このように、物語の「核」の部分だけを述べれば、別に任侠映画でなくてもよさそうだ。そこを会社の意向を汲み、任侠映画に仕立ててしまうところが、商業映画の名手であった深作の深作たるゆえんだろう。

物語の「核」に深作は、高度経済成長に乗り遅れた沢木（鶴田浩二）を据える。沢木は埋立地の利権を自分たちの組が獲得するため、殺人を犯して八年間刑務所で過ごした。ところが出所してみると組は解散しており、兄弟分の島村（渡辺文雄）は建設会社の社長になっている。沢木が埋められないのは、時間的なブランクだけではない。自分たちが教えられて来た「任侠道」を、「都合良い押し付けだった」と言い切り、スラム立ち退きを強引に進める島村との間に、何とも言えない溝を感じてしまう。

ただ、時代の流れに上手く乗ろうとする島村も、完全な「悪」としては描かれていない。このあたり、戦前教育を受けた軍国少年だった深作の複雑な思いが投影されているように思える。敗戦とともに、一八〇度価値観が変わった日本を十五歳で体験してしまった深作にすれば、本来、島村の合理的な考え方に共感せざるをえないだろう。だが、あまりにも個人主義に偏り、「義理」や「人情」を古臭いと一蹴しても良いのだろうかとの葛藤も生じて来る。

解散式
（DVD 発売中　4,500 円＋税
発売元：東映ビデオ）

ひとり、着流し姿で苦悩の表情を浮かべながら現代社会を歩き回る沢木は、前時代から一人タイムスリップして来たかのような哀愁を漂わせる。そこへもう一人、着流しの酒井（丹波哲郎）という男が登場。酒井はかつて沢木に片腕を切り落とされたことを恨んでおり、復讐心に燃えている。スラムの川向こうの石油コンビナートを背景に、着流しの二人がドスで戦う場面は有名だ。だが、現代に居心地悪さを感じる二人は、お互い共感を覚えるようになってゆく。

酒井は組の名が入った半纏《はんてん》を燃やして、これが自分の解散式だと言う。そして復讐を諦めて、物語の舞台から呆気なく去ってゆく。一方の沢木は、スラムを護ることで「任侠道」を貫こうとしているから、単身殴り込みに行かざるをえない。沢木の子を産み、スラムの養鶏場で働きながら、沢木の帰りを待ち続けていた三枝（渡辺美佐子）との別れが泣かせる。

「それで遅れてきた男たち、時代に取り残された男たちというような話にしぼるしか方法がなかったわけです。そういう男たちの怨みつらみみたいなものを表現する以外に、やくざ映画の作り方はないという気持ちになったのはこの映画によってだけれども、やっぱり何か自分で好きな映画をやっている実感はなくて、しんどかったですね」（『世界の映画作家 22』昭和四十九年）と、深作は語っている。

結末は空しい。島村は沢木の目の前で、スラムのチンピラに刺し殺される。沢木は島村と対立した建設会社の社長や政治家を殺しにゆく。だが、スラムに押し寄せて来る開発の波は、そのような単純な暴力で押し返せるものではない。抗し切れない時代の不気味な力を暗示するかのように川向こうの石油コンビナートが映し出され、エンドマークが出る。

15

博徒解散式

公開／昭和四十三年二月九日　上映時間／九〇分　東映東京作品
企画／俊藤浩滋　矢部恒　脚本／神波史男　長田紀生　撮影／星島一郎　音楽／冨田勲
出演者／鶴田浩二　万里昌代　岡田英次　渡辺文雄　丹波哲郎　室田日出男　他

『解散式』がそこそこヒットし、それを認めた俊藤浩滋が再びプロデューサーとなってつくられた、現代が舞台の任侠映画。今度の舞台は架空の港湾で、神戸と横浜を足して二で割ったような「神浜港」だ。

岩崎組若衆頭の黒木（鶴田浩二）というやくざが、八年の刑期を終えて出所して来るや、古巣の組は警察の圧力により解散に追い込まれ、海運業に転じている。

黒木は親分の岩崎（河津清三郎）から会社を任されるが、港湾の利権をめぐって兄弟分だった唐沢（渡辺文雄）らと争うことになる。唐沢は岩崎海運と沖仲仕たちの対立を扇動したり、黒木が開く賭場を警察に通報したりと、さまざまな妨害を繰り返す。

岩崎に解散を執拗に迫るのは、新任の県警本部長の前田（岡田英次）だ。港湾関連業者のパーティー席上で岩崎は、

「ここが発展を遂げたのは、俺がアカの組合を潰してよ、アカ旗なんぞ一本だって立てさせやしなかったんだ。だからと言って、人夫の面倒を見なかったわけじゃねえ……」

と、前田に食ってかかる。

ところが岩崎は急死し、時代の波に乗ろうとする唐沢は、港湾運輸業新連合会を結成。つづいて唐沢は麻薬で縛っていた河西（丹波哲郎）に、黒木殺しを指示する。河西はかつて唐沢・黒木とともに岩崎組の三羽烏と呼ばれたが、いまはすっかり落ちぶれている。そして河西は、わざと黒木に殺されてやる。

黒木は「変われない男」だ。恋人あき子（万里昌代）にベッドの中で、

「世の中はもうすっかり落ち着いてしまっているのよ。それに逆らうなんて出来やしないわ」

と言われ、「おめえの言う通りかも知れねえ。だが、俺は自分でそいつを確かめてえ」と返事するしかない。

冒頭で、国会議事堂が大写しとなる。前作同様、昭和三十九年（一九六四）十月に始まる暴力団壊滅を目指す第一次頂上作戦が、物語の背景だからだ。

警察庁が掲げた取り締まりの要因は抗争事件の勃発、暴力団の広域化、東京五輪の開催年にあたるの三点だった。さらに、党人派と大組織の癒着を官僚派が危険視した、自民党内の派閥争いも関係しているという（猪野健治『やくざと日本人』平成二十一年）。戦後、不良三国人の取り締まり、労働運動や左翼運動潰しでやくざをさんざん利用して来た保守系政治家たちは、警察や自衛隊の実力が確かなものとなるや、一方的に蜜月関係を断ち切った。

先述の岩崎の台詞のごとく、国家権力とやくざ、そして権力側の身勝手さが『解散式』よりも強調されて描かれている。

最後は黒木が、唐沢の会社に単身殴り込み、唐沢を社長室に追い詰める。机やソファが置かれたオフィスでの戦いを、天井側からという変わったアングルで撮っているのがユニーク。ドスを突き付けられた唐沢は、

「俺がやり合いたいのは、おめえじゃねえ。もっと他に馬鹿でかい相手がいるんだ」

と言う。相手とは、自分たちを使い捨てにした国家権力だ。かれは、かれなりに復讐を考えていた。こうなると、岩崎という親分の無念を本当に受け継いでいたのは、黒木ではなく唐沢だったのではと思えて来る。

だが、黒木にはそれが理解出来ない。

「わかってる、おめえを斬っても何ともなりゃしねえ。だがな、おめえが生きている限り、死んだ奴は浮かばれねえ」

と言い、唐沢と相打ちして果てる。本来なら主人公の黒木に全面的に感情移入するところだが、どうも出来ない。黒木という男にもっと度量があった上で時の流れに抵抗しているなら説得力があるのだが、単に視野が狭いだけではないのかと思えて来る。

《コラム①》

◆深作欣二のテレビ作品

年譜によれば、深作初のテレビ演出は昭和三十九年（一九六四）の『スパイキャッチャーＪ３』三・四話だ。深作はテレビドラマにつき「深みが出てこないといいますかね。むしろそのほうがいいわけです。あの狭い画面ですからね」（『映画監督 深作欣二』）と語る。つづいて渥美清主演の人情喜劇『泣いてたまるか』四八話（昭和四十二年）、スパイアクション『キイハンター』一・二・一五七話・一五八話（昭和四十二年～）、丸山明宏主演『雪之丞変化』三・四話（昭和四十五年）、『ザ・ガードマン』三二六話（昭和四十五年）、『必殺仕掛人』一・二・二四話（昭和四十七年～）を撮った。

売れっ子になっても、映画の合間を縫うように『アイフル作戦』三一話（昭和四十八年）、『バーディー大作戦』一話（昭和四十九年）、『傷だらけの天使』一・三話（昭和四十九年）、『影同心』一八話（昭和五十年）を撮る。ハードボイルドタッチの『Ｇメン'75』（昭和五十年～）は佐藤純彌監督と共に構成も担当し、一六・二〇・八五・三五四話とスペシャル版を撮った。主演は気心知れた丹波哲郎だ。

大ヒット映画のテレビ版『柳生一族の陰謀』一話（昭和五十三年）や忍者アクション『影の軍団Ⅱ』一話（昭和五十六年）は東映京都絡み。松坂慶子主演『黒い館の女』（昭和五十七年）という小林久三原作の単発サスペンスもある。中村雅俊主演の『ロス警察大捜査線 ダブルパニック'90』（平成二年）のスピード感や森鷗外原作『阿部一族』（平成七年）の重厚感も忘れ難い。あるいはドラマではないが、唯一のドキュメンタリーに『20世紀末黙示録 もの食う人びと』（平成九年）という異色作もある。

第二章　暴力・エロ・任侠の中で

――『黒蜥蜴』から『狂犬三兄弟』まで――

昭和四十三年（一九六八）といえば日本はまだ高度経済成長の中を進んでいたが、映画人口は約三億一三四〇万人まで減少していた。この年、大学紛争が広がり、翌年には大学紛争に機動隊が突入して、学生が立て籠もった東大安田講堂が落城する。荒々しい世相を反映するかのように、映画の中に「暴力」と「エロ」が溢れてゆく。東映では昭和三十八年に「人生劇場　飛車角」がヒットしたのを機に任侠映画路線が誕生し、やがて興行的に不振の時代劇にとって替わるようになる。任侠路線に馴染めない深作監督はフリー契約になり、他社で映画を撮って、そのレパートリーを増やしてゆく。

16

黒蜥蜴

公開／昭和四十三年八月十四日　上映時間／八七分　松竹大船作品
製作／織田明　原作／江戸川乱歩　原作戯曲／三島由紀夫　脚色／成澤昌茂　撮影／堂脇博　音楽／冨田勲
出演者／丸山明宏　木村功　川津祐介　松岡きっこ　西村晃　三島由紀夫　他

深作監督は『解散式』（昭和四十二年）から、東映では本数契約を結んでいたが、専属契約ではなくなっていた。そこに、かねてから深作の才能に注目していた松竹映画制作部の梅津企画部長から声がかかる。深作が使いにくい監督だったので手を焼いていた東映の社長岡田茂も、「武者修行して来い」ということになり、伝統と歴史を誇る松竹大船の撮影所に乗り込んで撮った作品が『黒蜥蜴《くろとかげ》』だ（織田明談・『恐喝こそわが人生』ＤＶＤ特典映像）。

『黒蜥蜴』の原作は、月刊誌「日の出」昭和九年（一九三四）十二月号に江戸川乱歩が発表。名探偵明智小五郎が、黒蜥蜴の名を持つ謎の女賊を追い詰めてゆく探偵小説である。乱歩唯一の女性を主人公にした作品だという。これを昭和三十七年、三島由紀夫が耽美な世界を織り込み戯曲にした。同年、水谷八重子（初代）主演で舞台になった後、やはりその年に大映で京マチ子主演、井上梅次《うめつぐ》監督で映画化されている。

昭和四十三年四月には三島の希望もあり、「女形」丸山明宏（美輪明宏）の主演で松竹で舞台化。東京渋谷の東横劇場で上演、大ヒットのすえ歌舞伎座でアンコール上演された。深作による二度目の映画化は、丸山の舞台の成功があって浮かび上がって来た企画だ。映画版も主演は丸山だが、明智役は舞台の天知茂がスケジュールの都合がつかず、木村功に変わった。他に映画では誘拐される社長令嬢葉子に松岡きっこ、死に取りつかれた雨宮に川津祐介、片腕を切られる的場刑事に西村晃などが扮している。撮影に入る前、深作は「とにかく、面白くて、気味悪くて、恐しくて、そしてあくまでも美しい、そんなメルヘンが出来上がったら——と考えています」と、その意気込みを語った（『松竹タイムス・黒蜥蜴』）。

深作としては初めての東映以外の作品であり、息苦しい任侠映画の世界から一気に解放されたような、生き生きとした演出が楽しい。むろん、松竹大船調といったソフトな感じではない。映像は全体的に薄暗く、悪は闇の中でのみきらりと輝くといった雰囲気を醸し出している。美術も毒気たっぷりといった感じで、凝っている。プレスシートの解説によると丸山が映画の中で着る超豪華な衣装は計九点で、うち四点は丸山自身のデザインによるという。当時の値段で総額三百万円かかったと宣伝された。

ただ、映画が実現に至るまでの経緯は関係者によって多少証言が異なる。深作自身は、自分から売り込んだごとく、次のように語る。

「その舞台がすごく面白かったんで、丸山明宏という俳優さんはこれからお客さんにアピールするんじゃないかと松竹に話したのが、『黒蜥蜴』をやるきっかけになったのかな」（『映画監

督　深作欣二』）
　これが丸山こと美輪によれば、まず、梅津が映画化の話を丸山に持ちかけたのだという。丸山は二度断ったが、結局三島が一も二もなくオーケーを出したと聞き、乗り気になる。ただ、「ひとつ条件を出したのです。『監督次第で決めましょう』と」。それから監督候補として野村芳太郎などの名が挙がるが、丸山は「もっとハジケタ人はいませんか」と言う。その結果梅津が「一人いまっせ。東映を自由契約、つまりクビになったのが」と、提案して来たのが深作だった。丸山は深作と松竹で会って気に入り、「彼で行きましょう……大丈夫。あの人、いまに化けるから」と、梅津に連絡。丸山は深作が、アラゴンの詩をフランス語で知っていたとの思い出を語っている（舞台プログラム『黒蜥蜴』平成二十年）。
　黒蜥蜴は、美しい人間を剥製にして、私設美術館に並べるというグロテスクな趣味の持ち主。そのうちの日本青年の生き人形は、三島由紀夫本人が演じている。この三島に丸山がキスするシーンが、センセーショナルな話題となった。これは、プライベートで丸山を愛した三島の希望により加えたものらしい。丸山こと美輪は後年、撮影時の思い出を次のように語っている。
「三島さんの生き人形にキスするところがあるでしょ。あれは台本にはなかったんですよ。それで私、深作さんに『おかしいじゃないの。なんでここで死体にキスしなきゃいけないんですか？』と聞いたんです。『芝居の台本では書いてあるけれども、実際にはやらないんだから、おかしいですよね』と言ったんですね。そうしたら『何とか頼むよ』と言うんですよ。『なんでですか?』と聞いたら、『三島さんに出演交渉したとき、それを条件に頼んだから』と言うんですよ(笑)。

また人のいないところで勝手なこと言って、とは思ったんですけど、しょうがない、『はい、キスしました』『はい、カット』となった。キスのところで私がちょっとくちびるを当て、すぐに『カット』となったんですけど、三島さんは『たったそれだけ?』と言うんですよ(笑)。だから私は『死体が口きいちゃいけません』と言ってやったんです(笑)」(前掲書)

かくして完成した『黒蜥蜴』は佐藤肇《はじめ》監督『吸血鬼ゴケミドロ』と併映で、松竹のお盆興行で公開されて大ヒットを飛ばす。「映画『黒蜥蜴』は二年間、興行成績が破られなかったんですよ」と、美輪は語る(前掲書)。しかし当時はキワモノ扱いされ、評論家もあまり注目しなかった。

後年アメリカなど海外で再評価されるようになり、その波が二十一世紀になって日本にもやって来る。池袋の映画館で『黒蜥蜴』がリバイバル上映された時、最後は観客は拍手喝采だったと語る若者に、晩年の深作は「異様な盛り上がりなんてオレからすれば想像もできない……いま受けるというのはようわからん」と首を傾げている(『深作欣二ラスト・メッセージ』平成十七年)。

17

恐喝こそわが人生

公開／昭和四十三年十月二十六日　上映時間／九〇分　松竹大船作品　製作／脇田茂　織田明
企画／三木治　原作／藤原審爾　脚色／神波史男　長田紀生　松田寛夫　撮影／丸山恵司　音楽／鏑木創
出演者／松方弘樹　佐藤友美　室田日出男　丹波哲郎　城アキラ　石山健二郎　他

『黒蜥蜴』につづく、深作監督の松竹大船第二作である。クレジットはされていないが、深作自身も脚本づくりに参加したらしい。脚本家神波史男《こうなみふみお》ら東映から出向いたスタッフと松竹のスタッフとの共同作業であり、それだけに面白いテイストの作品に仕上がっている。

新宿のチンピラ村木（松方弘樹）が、仲間のお時（佐藤友美）・関（室田日出男）・野口（城アキラ〈ジョー山中〉）とともに恐喝を繰り返す物語。はじめはニセ酒つくりや秘密クラブ、麻薬の売人の弱みを握り、あるいは映画女優のスキャンダルをネタにして稼ぐ。

深作作品らしく高度経済成長が強く意識されているが、以前の任侠映画のように波に乗り遅れ、哀愁を漂わせる侠客は登場しない。村木は、「外ヅラがきれいになればなるほど、中身がドス黒い……高度経済成長万歳！」と、繁栄があるから人々の欲望が膨らみ、自分たちの商売が成り立つのだと理解し、日々を楽しむ。『狼と豚と人間』（昭和三十九年）の延長みたいだったと、深作は語る（『世界の映画作家22』）。映画が公開された昭和四十三年、日本はGNP（国民総生産）が資本主義国ではアメリカにつぎ、二位になった。

村木の前歴については、あまり触れられていない。キャバレーでトイレを掃除する貧しい若者だったことくらいしか分からない。たびたび仲間との思い出やどぶ川に浮かんだネズミの死骸がフラッシュでインサートされるのが印象的だが、松竹は回想シーンを嫌う伝統があるので、こうなったのだという。

さて、偶々村木は高利貸の遠藤（石山健二郎）と知り合い、保守党の総裁選挙に不正があったことを裏付ける「念書」を手に入れる。念書が公表されたら、政権がひっくり返るほどのネタだ。村木とお時は政界のボス水野（丹波哲郎）にチンピラの流儀で立ち向かうが、関は恐れて去ってゆく。結局、水野が手を廻して「念書」は偽物扱いされ、紙くず同前になる。そして村木は、白昼都心の路上で殺し屋（川津祐介）に刺され、あっけなく消されてしまう。

村木の最期のシーンは、有楽町の日劇前で撮影されている。警察の許可は得たもののゲリラ撮影だったそうで、血だらけの村木がフラフラと千鳥足で歩くのを、一般の通行人が驚いて見守る様が映っている。そこに「くそっ！　くそっ！　馬鹿にしゃがって、痛えな、くそっ！」という村木の独白が重なり、エンドマークが出る。現代なら、まず不可能な撮影だろう。

恐喝こそわが人生
（DVD 発売中　2,800 円＋税
発売・販売元：松竹
© 1968 松竹株式会社）

時代劇俳優近衛十四郎《このえじゅうしろう》の息子で、東映城のプリンスと呼ばれていた松方弘樹は、松竹作品も深作作品も初参加。深作より、ちょうど一回り下の昭和十七年生まれの二十六歳だった。後年、深作はこのころの松方について、次のように語っている。

「初めて来たときは、何か『俺の撮影所だ』みたいな顔をしていて、それはそれで可愛いわけだし。これが初めての出会いで、初めのうちは『だいぶ構えてるな、こいつ』と思ったけれど、すぐ若いだけの地金は出てきますし、可愛かったですよね、一所懸命に仕事をするという意欲はすごく見せてたから」（『映画監督 深作欣二』）

確かに松方のトッぽい感じがフィルムに焼き付けられており、深作が可愛がっていたことがうかがえる。ちなみに平成二十七年三月、私が松方から話を聞かせてもらったさい、「深作監督ははじめて会った松方さんを、可愛かったと繰り返し言ってますね」と言ったところ、ちょっと意外そうな、照れたような表情をされたのが印象的だった。

一方、松方も深作の印象を次のように語り残している。

「大船撮影所のセットはみんなシーンとしてて、背広を着た監督さんが演出してるわけでしょ。そこへジャンパー着て鉢巻巻いた作さんが乗りこんでったから、大船中がびっくりしたんです。雰囲気があまりにも違う、とんでもなくガラが悪いスタッフというか撮影隊だと思われたんです」（松方弘樹・伊藤彰彦『無冠の男 松方弘樹伝』平成二十九年）

18

ガンマー第3号　宇宙大作戦

公開／昭和四十三年十二月十九日　上映時間／七七分　東映東京＝ラム・フィルム作品
企画／扇沢要　太田浩児　脚本／金子武郎　ラム・フィルム　撮影／山沢義一　音楽／津島利章
出演者／ロバート・ホートン　リチャード・ジャッケル　ルチアナ・パルッツィ　他

アメリカのラム・フィルムと東映がつくったＳＦアクション映画。予告篇では日米合作と大仰に謳うが、日本でつくれば安上がりとの理由から、アクション映画が売り物の東映が下請けした。『誇り高き挑戦』（昭和三十七年）などから反米のイメージがあった深作欣二に監督が依頼された経緯はよく分からないが、『解散式』と『博徒解散式』の間に撮った。フリーになった深作としては、食うための仕事だったらしい。ギャラは普段の東映の倍出たという。

東映大泉スタジオにセットを組み、スタッフは日本人。ただし、キャスティングに関しては人種差別まがいのことがあったことを、深作監督は後年述べている。

「主要役者三人はハリウッドから連れていくので、あとは全部、日本在住の外人でいってくれ、日本人は出さないでくれ、と（笑）。オール白人。黒人はどうだとこっちが言うと、いや、出さないでくれ、と。日本人なら職業的俳優も使えるし、黒人を使えばもっとバラエティーが出てくるからそうしたほうがいいんじゃないかと言っても、『いや、必要ない』（笑）」（『映画監督　深作欣二』）

かつて、『白昼の無頼漢』（昭和三十六年）で「白・黒・黄色」のアウトローたちに現金強奪をさせた深作だ。この希望が叶っていたら、かなり違った作品になっていただろう。

日米の映画つくりの壁は、やはりいろいろとあったらしい。DVDのリーフレットに寄せた金田益実の解説には「台詞が英語で台本は日本語、そのうえ現場で台詞を変更される場合も多々あり、ハリウッド・システムの難しさも相まって撮影は非常に困難を極めたという」とある。また、チーフ助監督だった山口和彦は、「アメリカから来た3人のスターは、ハリウッド式なんで始まりは遅いし、終わりはきっちりしていましてね。定時に終わらせなければならないんです」と語っている（DVDリーフレット）。

物語の舞台は二〇〇〇年後。惑星フローラが急接近し、十時間後に地球にぶつかるという緊急事態が発生する。国連宇宙センターはランキン中佐（ロバート・ホートン）を宇宙ステーション・ガンマー3号に派遣し、フローラを核爆弾で爆破しようと考えた。見事、惑星は爆破されるが、惑星に棲息していた緑色の生命体をガンマー3号に持ち込んでしまう。これが電気エネルギーを吸収して巨大化し、つぎつぎと怪獣と化してゆく。ランキン中佐は、ガンマー3号駐在のエリオット少佐（リチャード・ジャッケル）と対立しながらも、増殖を続ける怪獣相手に戦う。だが、ガンマー3号は怪獣に占領され、このまま地球に帰れば大変なことになると考えたランキン中佐は、乗組員を宇宙船で脱出させ、大気圏でガンマー3号ごと怪獣を死滅させることを決定。エリオット少佐はランキン中佐を助けて死んだが、めでたく地球は助かる。

深作は物語にベトナム戦争を引っ張り込めないかとも考えたという。泥沼化した戦争を一気に吹っ飛ばしたいような空気が、世間にあったのかも知れない。

当初、日本で封切る予定はなかったという。だから深作などは気楽に撮っていたようだが、正月番組「東映ちびっ子まつり」の中で公開されてしまった。同時上映は『ピノキオの宇宙大冒険』『河童の三平　妖怪大作戦』『人のくらしの百万年』。これは現在DVDで発売されている七七分、日本語吹替えバージョンと同じものだろう。アメリカで公開されたのはこれより長い八九分で、人間ドラマが大人向けに描かれているらしい（前掲書）。

古典的なSF映画に思えるが、その後アメリカでは宇宙ステーションの中で宇宙生物が繁殖するリドリー・スコット監督『エイリアン』（一九七九年）やジョン・カーペンター監督『遊星からの物体X』（一九八二年）といった作品が生まれるから、その先駆性が世界で評価されているという。深作に影響を受けたというアメリカのタランティーノ監督が平成五年、初来日のさい深作と対談し、この映画のレーザーディスクにサインを求めたという後日談もある。ただし怪獣は東宝の『ゴジラ』などに影響されたのか、アメリカ側が着ぐるみでと言い張ったので、とてもチープだ。なお、タイトルを『ガンマ第3号 宇宙大作戦』とするポスターもある。

19

黒薔薇の館

公開／昭和四十四年一月二十五日　上映時間／九一分　松竹大船作品
製作／織田明　脚本／松田寛夫　深作欣二　撮影／川又昂　音楽／鏑木創
出演者／丸山明宏　小沢栄太郎　田村正和　西村晃　川津祐介　室田日出男　他

この作品も『黒蜥蜴』（昭和四十三年）同様、海外での人気が高く、アメリカでは早くから『Ｂｌａｃｋ Ｒｏｓｅ Ｍａｎｓｉｏｎ』の英題でＤＶＤが出ている（日本ではなぜか平成二十九年十一月現在もＤＶＤ未発売）。その中に、深作監督が『黒薔薇の館』について語る二〇分ほどの特典映像が入っているのだが、それによると『黒蜥蜴』がヒットしたため、封切中から次の丸山明宏（＝美輪明宏）の企画をとのオファーが松竹からあったらしい。

依頼された深作は、どのようなストーリーにするか悩む。三島由紀夫に相談しようと思ったが、三島は私設軍隊「楯の会」で忙しく、それどころではない。適当な原作になる小説も、見当たらない。当時、松竹では前衛的な大島渚監督らが退職し、再び古い体質に戻ろうとしていた。昔からの松竹大船らしい、メロドラマを欲していたのだという。会社は脚本を、はじめ時代劇や任侠映画で知られる加藤泰《たい》に依頼した。ところが出来上がって来た加藤の本は、丸山を全く意識していない。丸山が味噌汁をつくる普通の主婦の役で、それが段々と自我に目覚めてゆくというもの。当然没になり、深作は脚本家の松田寛夫《ひろお》と宿に籠もり、「愛のお化けの物語」

を書き上げた（『映画監督 深作欣二』）。

タイトルになっている黒薔薇の館とは、会社社長の佐光（小沢栄太郎）が趣味で経営するクラブの名称。そこに夜ごと、謎に包まれ美貌の女竜子（丸山明宏）が現れ、男たちを次々と狂わせてゆく。佐光も、「絶対の愛」を求めてさまようという竜子に、黒薔薇の館を譲る。

そんな時、佐光の次男の亘（田村正和）が帰って来て、竜子と恋に落ちてしまう。駆け落ちの費用を得るため、亘は悪友（曽根晴美）の誘いに乗って、麻薬取引に手を出すが、失敗して警察から追われる身となる。亘は竜子を連れてボートを暴走させて夜の海を逃げたが、結局二人の死体が翌朝岸で見つかって終わり。

「いまどき愛などというものは所詮、気違い沙汰にすぎない」「要するにあなたは愛なんてみんないかさまだって、おっしゃいたいのね」「愛ではない。あわれな盲の情熱に過ぎないのだ」といった、「愛」についての観念的な台詞が目白押しで、いささか疲れる。

まさに丸山のための「アイドル映画」だ。「(『黒蜥蜴』に比べ）丸山君自体は、こちらのほうがきれいに撮れたという感じがしています」と深作は言うが、目的は達成されたというべきか。また、松竹は仕事の日数が東映より二、三日少なかったので残業が続いた。このため、現場の「深作組」のプレートが、「深夜作業組」に変えられていたという（『世界の映画作家22』）。実際完成が遅れ、地方では封切り当日にフィルムが間に合わなかったらしい。

20

日本暴力団　組長

公開／昭和四十四年七月八日　上映時間／九七分　東映東京作品
企画／俊藤浩滋　太田浩児　吉田達　脚本／神波史男　深作欣二　長田紀生　撮影／仲沢半次郎　音楽／日暮雅信
出演者／鶴田浩二　水島道太郎　内田朝雄　山本麟一　菅原文太　内田良平　他

松竹大船でしばらく「武者修行」した深作監督が、古巣の東映東京に戻って撮った「背広もの」と呼ばれる、現代を舞台にしたやくざ映画だ。後年の『仁義なき戦い』（昭和四十八年）などの実録路線と任侠路線の中間をゆくような作品だ。深作は当時、雑誌に連載されていた溝口敦《みぞぐちあつし》『血と抗争　山口組ドキュメント』（単行本初版は昭和四十三年八月）からヒントを得たという（『映画監督　深作欣二』）。

『血と抗争』は山口組を題材とした、初の本格的ノンフィクションと言われる。巻頭の一行目から「何が山口組三代目組長・田岡一雄を敗北に導いたのか？」といった具合で、日本最大の暴力団に成長した神戸の山口組に、容赦なく批判のメスを入れてゆく。

映画に登場する関東進出を企む大阪の大組織淡野組は、この山口組がモデルなのは明らかだ。実際は昭和三十八年（一九六三）十二月に、右翼を標榜する関東会が結成されたが、これは少なからず「対山口組」対策だったという。だが、右翼の巨頭児玉誉士夫《こだまよしお》のとりなしで、山口組と縁組をしていた東京の東声会《とうせいかい》も関東会に参加したため、「対山口組連合」の意味は薄れてしまった。さらに警察の「頂上作戦」によって昭和四十年一月、関東会は解散、同年九月には東声会も解散した（洋泉社ＭＯＯＫ『山口組血風録』平成十一年）。

物語はまず、横浜の浜中組代貸《だいがし》塚本（鶴田浩二）が出所して来る。「八年」の刑期というのは、『解散式』など、なぜかいつも同じ設定だ。代理戦争を繰り返して全国に勢力を拡大する淡野組は、弱小組織の浜中組と縁組をし、関東進出の足場としていた。このため他の関東の組織は大同団結して関東連合会となり、淡野組の出先機関となった浜中組と対立する。やがて浜中組長（水島道太郎）が殺され、跡目を継いだ塚本は淡野組と手を切り、「ちまちまと」生きてゆきたいと望む。

ところが巨大組織は、塚本のそんなささやかな望みなど、認めてくれない。策謀がめぐらされ、浜中組は潰されてしまう。さらに淡野組は大物黒幕を間に立てて敵対していた関東連合会と手を結び、「愛国同志会」なる右翼団体へと鞍替えを果たす。その発足式が神社で行われ、「君が代」が斉唱されて、愛国心を強調した声明文が淡野（内田朝雄）により読み上げられる。このあたり、実にうさん臭い。そこへ、塚本が単身ドスを片手に斬り込み、終わり。

淡野組のやり方は、自分たちが理解できない、あるいは自分たちに従わない少数派や弱者を、数の力でぶっ潰して来た超大国そのものだ。決して無差別テロを肯定するわけではないが、飛行機を乗っ取り、貿易センタービルに突っ込むテロリストにも、超大国の「正義」に追い詰められたかれらなりの言い分があると思う。深作は晩年に至るまで、こうしたテロリスト側の視点を忘れず、映画を撮り続けた監督だ。その意味で、この作品にも深作の強烈な反米思想が見え隠れする。西部劇を、インディアン側から描こうとしたと思えばいいのかも知れない。

ただ、そんな中にあっても鶴田浩二が演じる塚本は従来の任侠映画と同じ表情で、殴られても、ドスで顔を斬られても、最後まで堪え忍ぶ。深作は鶴田流の「ガマン劇」が、いい加減嫌になっていたらしい。こんな欺瞞を美徳とすることこそが、深作が東映の任侠映画に馴染めなかった最大の理由だろう。鶴田に対する苦い胸中を、次のように語る。

「しんどいな、しんどいなと思って、また仕事をすることになる。やっぱり人間としては非常に面白いひとだし、柔らかい考えかたを持っているひとなんだけど、こっちもどうやって崩したらいいか、ということを考えながら、まだ正確につかんでいないということがありましたから。だからこれも『解散式』と同じような、しんどさをひきずっていましたよね」（『世界の映画作家22』）

塚本の弟分風間の役を、菅原文太が演じているのはある意味象徴的だ。昭和四十二年、松竹から東映に移籍して来た文太の深作映画初出演でもある。この作品では敵対する組長を殺し、みずからも深手を負って開幕二十数分で物語から去るという、さほど大きな役ではない。ところが数年後、深作の不満で鬱屈した心情は文太の肉体を通じ、大爆発を起こすことになるのだ。

21

血染の代紋

公開／昭和四十五年一月三十一日　上映時間／八七分　東映東京作品
企画／俊藤浩滋　太田浩児　脚本／深作欣二　内藤誠　撮影／仲沢半次郎　音楽／木下忠司
出演者／梅宮辰夫　菅原文太　宮園純子　待田京介　鶴田浩二　内田朝雄　他

物語の舞台は昭和四十年（一九六五）の横浜。冒頭「すでに戦後は遠く」云々のナレーションや「暴力団取締まり実績」の数字が字幕で出るといった、ドキュメンタリータッチである。前年の国家権力による頂上作戦により行き場を失ったやくざたちが、新しい活路を見出そうと、これから出来る新コンビナートの倉庫業の利権をめぐって争う。

ネックになっているのは、建設予定地の中にあるスラムだ。そこには繁栄から取り残され、「どこへも行きようのねえ連中」が暮らしているのだ。

浜中組の若き組長郡司《ぐんじ》（菅原文太）は、大ボスの岩切（内田朝雄）から協力を求められ、スラムの住人たちに立ち退くよう呼びかける。そこに立ちはだかるのが、ボクサー崩れの速水（梅宮辰夫）だ。実は郡司と速水はスラムの生まれで、十八歳のころ「おさらば豚の町」の落書きを残し、ここから出たのである（以来十二年というから、二人は三十歳という設定）。

速水をスラムにひそかに送り込んだのは、東京の大門（渡辺文雄）だ。やがて大門組も争いに加わり、岩切と結託して浜中組を追い込んで孤立させてゆく。立退き料目当てにスラムに居座る「山谷生まれの山谷育ち」という男（長門勇）の存在も面白い。かれが連れている子分二人（砂塚秀夫・鈴木やすし）は、九州の炭鉱が閉山され、行き場を無くしてスラムに流れ着いたという。このあたり、華やかな高度経済成長から弾き出された人々に対する深作のこだわりが光る。

さらに刑期を終えて出所した浜中組代貸の黒木（鶴田浩二）は、郡司を支えようとするが、大門と組んだ岩切の裏切りに憤慨して、殴り込んで死ぬ。このあたりは、取ってつけたような任侠映画タッチになっているのが、おかしい。

結局、利権は巧妙に罠を張り巡らせた大門が独占することになり、スラムは呆気なく潰されて、新コンビナートの起工式が挙行される。その日、郡司と速水は式典の会場に現れ、大門を殺すが、多勢に無勢で二人とも銃弾の餌食となってしまう。間もなく日本の国民総生産が、アメリカに次いで世界第二位となった旨が字幕とナレーションで説明され、次のようにしめくくられる。

「現在このあたりを支配するのは、もはやヤクザではない。巨大な資本力が吐き出す黒煙と轟音である」

なんとも不思議な映画である。タイトルから見ても、任侠映画のひとつとして企画されたことは推察出来る。それを裏付けるのは、まだ撮影が行われていないころに予告のために早々につくられた、イラストのポスターだ。真ん中に描かれているのは鶴田浩二ばりの着流し姿の「菅原文太」と「梅宮辰夫」。当初は、若山富三郎と藤純子もキャスティングされていたことも分かる（完成された作品には出て来ない）。

梅宮は作品の中ではつねに革ジャンを着ており、文太も着流し姿などでは一度も登場しない。このビジュアルひとつ見ても、会社側の思惑と深作の構想の間にかなりのギャップがあったことがうかがえる。深作は任侠映画という「図式のあてはめパズル」で苦闘したようだ。やくざが弱者を踏み付ける様を描きたかったようだが、「でもやっぱりガマンの末に最後は斬りこんで死ぬというパターンは結局崩せなかった」（『世界の映画作家22』）と述べている。

『狼と豚と人間』（昭和三十九年）などと同じく、江東区枝川町でスラムの場面をロケ撮影しているが、思うような風景がどんどん少なくなっていたので、セットを組んだ部分もあるという。映画がつくられたこの年は東京オリンピックから六年が経過しており、大阪では万国博覧会が開催されていた。深作は、次のように語る（『映画監督 深作欣二』）。

「スラムというものが撮れる最後、どんどんコンクリートで舗装道路ができて縁石もダーッとできて、綺麗に綺麗に清掃されてますからね、このころは。本当にあの一角くらいしかなかったんです」

22

君が若者なら

公開／昭和四十五年五月二十七日　上映時間／九〇分　新星映画社＝文学座作品（松竹配給）
製作／松丸青史　其田則夫　武藤三郎　脚本／中島丈博　松本孝二　深作欣二　撮影／江連高元　音楽／いずみたく
出演者／石立鉄男　前田吟　峰岸隆之介　河原崎長一郎　太地喜和子　寺田路恵　他

深作監督は高度経済成長のど真ん中でも、作品を通じてその欺瞞に鋭い批判の刃を向け続けた。東京などでは「学歴インフレ」と呼ばれるほど教育熱が盛んになっていたが、地方はまだまだ経済的に豊かではなく、義務教育しか受けられない子供たちがたくさんいた。学校も親たちも、その子供たちを賃金の高い都市部へ積極的に就職させる。この作品で描かれるのは経済大国日本を底辺で支えた、集団就職で大都会に出て来る「若年中卒労働者」たちの挫折だ。

物語の中心となるのは各地から「集団就職」で上京し、町工場で働く五人の若者、喜久男（石立鉄男）・麻男（前田吟）・清（河原崎長一郎）・一郎（林秀樹）・竜次（峰岸隆之介＝徹）だ。「ええい、クソッたれ！　どこのどいつか。ワシらを金の卵なんてぬかしたのは」と愚痴を吐きながら、きつい労働に従事する五人だが、ある時町工場が倒産する。学歴社会の格差を痛感した五人は、自分たちで金を貯めてトラックを買い、独立しようと誓い合う。

ところが、仲間が計画からつぎつぎと脱落してゆく。清は倉庫荒らしで、警備員を暴行して刑務所行き。一郎はキャバレーのホステス朱美（太地喜和子）を妊娠させてしまい、結婚して家庭持ちに。竜次はバイト料欲しさにスト破りに雇われるも、警官に殴られて死ぬ。

それでも初志を貫いた喜久男と麻男は、九州の炭鉱町から出て来た幼なじみだ。二人はトラックを買い、「独立No・1」と名付けて必死になり働く。やがて上京して来た清の妹ユキ子（寺田路恵）と喜久男が恋仲になったり、自棄になった麻男が竜次の姉の秋子（小川真由美）に慰めてもらったりする。あるいは、恩義ある経営者から拝み倒され、スト最中にもかかわらず、トラックを動かしたため、他の労働者から「スト破り」として激しく非難される。

そんな時、服役中の清が脱走して、ふたりのアパートに転がり込んで来た。清は警官に撃たれたと、足に深手を負っている。自首するよう強くすすめる喜久男だが、麻男は故郷の海が見たいと言う清をトラックに乗せ、夜の闇の中を走りだす。だが、夜明けとともに海に着くや清は息絶え、トラックも崖から転落。一命を取りとめた麻男も、警察に捕まる。ユキ子の心は、兄を見放した喜久男から離れて、麻男に傾いてゆく。ラストの海辺を走る喜久男の姿からは結局、人間は一人で生きてゆくしかないのだといったメッセージが伝わって来る。

君が若者なら
（DVD 発売中　2,800 円＋税
発売・販売元：松竹
© 1970 松竹株式会社）

共産党系の独立プロである新星映画社と、俳優座の提携による作品だ。左翼のプロパガンダであり、同じく新星映画社と俳優座は『若者たち』（昭和四十二年）などをつくって、力強く美しい「団結」を描いて来た。ところが同じ土俵に立たされた深作が紡ぎ出したのは、一旦は「団結」を誓った若者たちが、バラバラになってゆく物語だ。「任侠」の時と同じく、深作は「団結」の脆さ、危うさに現実的なメスを入れる。何かにつけ「団結、団結」とお題目のように唱える左翼の連中が、よく黙っていたものだと感心させられる。日本共産党（代々木系）の社会への影響力が現在よりも遥かに強く、幅を利かせていた時代であるにもかかわらずだ。

松本孝二・中島丈博が書いていた脚本の第一稿には、すでに「金の卵」という設定はあったが、ストーリーはもっと別のものだったという。そこへ深作が参入し、「わがまま言ってワーワーやってる間に、どんどん話があああいう具合になっていった。ずいぶん迷惑したろうなと思って、反省したけれど」と、後に語っている。新星映画社からのクレームはなかったが、「こういう映画じゃなくて、という肌合いをあとで感じたかもしれませんね。方角が違うというかね。まあしゃあないや、ということがあったかもしれない」とも言う（『映画監督 深作欣二』）。

深作を監督にと新星映画社に推薦したのは、代々木系の社会派の巨匠山本薩夫《さつお》監督だった。推薦の弁として、チラシに次のようにあり興味深い。

「深作君は、現在五社でもいちばん活躍しているひとりだが、今後独立プロでも大いに活躍してもらいたいと考えている」

同じくチラシには、やはり社会派の巨匠今井正監督が「深作君の健斗を祈ります」とのメッセージを寄せる。さらにチラシでは、深作のことを「社会派の第一線作家」と紹介しているのには、驚かされる。どうやら左翼陣営に引き入れようとの思惑があったらしい。

この映画は、松竹系の劇場で封切られた。同時上映は河辺和夫監督『明日また生きる』であり、こちらは栗原小巻・田中邦衛主演の俳優座・松竹の提携作品である。松竹が劇場経営者に配布した宣伝プランには「(対象)先ず……仲間意識・労働意識を持った、働く若い男女」「参加意識を高揚させ、あたかも資金カンパのつもりで『協力券』という名の前売券を組織を通じて配布販売する」「労働組合へのアプローチ」などなど、映画興行が労働運動の一端であるかのような文言が並んでおり、興味深い。

後年になり、「当時の映画評は?」と尋ねられた深作は「なかったですよ。つまり、私の映画を好きな方はどうせ代々木だとなり、代々木は代々木で、何を撥ね上がってやがるということじゃなかったかと思いますね」(前掲書)と答えている。だが、批評は当時の新聞各紙にも結構掲載されており、注目作だったことがうかがえる。たとえば「毎日新聞」は「連帯がなんだ!ヒューマニズムがなんだ　底辺労働の『神話』に挑戦」(五月三十日)のリード文つきで、絶賛する。「サンケイ新聞」は「ただ、行動するだけで、考えないところに、この映画の弱さがある」(五月二十一日)と、ちょっと皮肉った感じで紹介している。

23

トラ・トラ・トラ！

公開／昭和四十五年九月二十五日　上映時間／一四八分　20世紀フォックス映画作品
監督／深作欣二　舛田利雄　リチャード・フライシャー　製作／エルモ・ウィリアムズ
原作／ゴードン・W・プランゲ　ラディスラス・ファラーゴ　脚色／ラリー・フォレスター　小国英雄　菊島隆三
撮影／チャールズ・ウィーラー　姫田真佐久　佐藤昌道　古谷伸　音楽／ジェリー・ゴールドスミス
出演者／山村聡　田村高廣　三橋達也　マーティン・バルサム　ジョゼフ・コットン　他

そもそも『トラ・トラ・トラ！』を企画したのは、20世紀フォックス社のダルリ・ザナックだ。「日米それぞれの視点から真珠湾攻撃を再検証し、日米双方の場面をバランスよく組み合わせて一本の映画にまとめ上げる」との狙いだったという。戦後二十年以上が経過し、メリーランド大学教授プランゲ博士の研究なども出て、日米合作でこの戦いを再現する環境が整っていたのだろう。日本側からは監督として黒澤明、脚本家として小国英雄《おぐにひでお》・菊島隆三《きくしまりゅうぞう》が参加することになり、昭和四十二年（一九六七）四月二十八日、東京プリンスホテルで製作発表が行われた。黒澤は「この作品は勝利の記録でもなければ、敗北の記録でもない。一口で言えば、日米両国の誤解の記録であり、優秀な能力とエネルギーの浪費の記録です」などと語る。

それから黒澤らは悪戦苦闘のすえに脚本を完成させ、二百枚あまりの絵コンテを描いた。ところが京都太秦の東映撮影所において黒澤の撮影が始まるや、トラブルが相次ぐ。東映との相性がよくなかった、あるいは起用した素人俳優たちを、うまく動かせなかったともいう。いずれにせよ20世紀フォックス社は昭和四十三年十二月二十四日、病気を理由に黒澤の監督を解任。この間の経緯は、田草川弘《たそがわひろし》『黒澤明vsハリウッド『トラ・トラ・トラ!』その謎のすべて』(平成十八年)に詳しい。黒澤のB班(主要な撮影クルーとは別の撮影班)監督を務めるはずだった佐藤純彌《じゅんや》は東映で深作の後輩にあたり、『狼と豚と軍艦』(昭和三十九年)の脚本を共同で書いたこともある。しかし、黒澤の解任とともに佐藤もこの仕事を降りた。

新しい日本側監督として、日活で石原裕次郎の主演映画などを撮っていた舛田利雄《ますだとしお》が起用される。だが舛田は撮影する量が多いので、共同監督をつけることを提案。みずから深作に電話で依頼したという。アメリカ側監督はリチャード・フライシャーで、脚本は先述の小国・菊島とラリー・フォレスターが書いた。舛田が戦争が始まる前の旗艦長門《ながと》の山本五十六《いそろく》(山村聡)を、深作が真珠湾に向けて出向した第一航空艦隊旗艦赤城《あかぎ》の南雲忠一《なぐもちゅういち》海軍中将(東野英治郎)らのシークエンスと空中戦その他のシーンを担当したという(『映画監督 深作欣二』)。

なぜ、深作に白羽の矢が立ったのかは、よく分からない。ともかく映画は完成、日米などで公開されたが、深作らしさは感じられない。深作も、この仕事には満足しなかったらしい。公開当時のプログラムの監督紹介欄には「あくまでもリアリズムで押し切ろうというのが彼の念願であった。その成果に関して彼は不満であると述べ『映画監督は自分の仕事に満足してはならぬ。映画はそれ自体が不完全なものである』という自論を披瀝している」と述べられている。

24

博徒外人部隊

公開／昭和四十六年一月十二日　上映時間／九三分　東映東京作品
企画／俊藤浩滋　吉田達　脚本／神波史男　松田寛夫　深作欣二　撮影／仲沢半次郎　音楽／山下毅雄
出演者／鶴田浩二　小池朝雄　安藤昇　若山富三郎　渡瀬恒彦　由利徹　他

戦後アメリカが軍事占領を継続していた沖縄の返還協定調印式が、昭和四十六年（一九七一）六月十七日に行われた。『博徒外人部隊』はその半年前に封切られたので、沖縄はまだ「日本」ではない。そこへ本土からやくざが新天地を求めて乗り込むという、異色のやくざ映画だ。「外人部隊」の意味は、当時の沖縄が「外国」だったからだ。外人部隊のテーマは最初からあったらしい。ただし深作はベトナムに行くことを提案したが、予算の都合からプロデューサーの俊藤浩滋に断られ、沖縄になったのだという（『映画監督 深作欣二』）。

撮影に入る前に先行イメージポスターがつくられているのだが、主演の鶴田浩二が着流し姿でドスを構える絵柄。そこに筆文字で「この花道で俺が行く。笑うて下せえ堅気のお方、男一匹鶴田が通る」と、完成した映画のイメージとは程遠い時代遅れの惹句《じゃっく》がおどる。これを見る限り、「外人部隊」と言いながらも、会社側としてはコテコテの任侠映画を当初は期待していたのかも知れない。昭和三十八年の沢島忠《さわしまただし》監督『人生劇場 飛車角』で確立されたという東映の任侠路線も、同じパターンの作品があまりにも続いて、このころになると多くの観客には飽きられかけ、斜陽に差しかかっていた。会社としてはなんとか新しい任侠映画を生み出して、起死回生をはかりたかったのだろう。そこに大きな風穴を空けるのは、ずっと任侠映画に馴染めなかった深作しかなかったことは後年、歴史が証明することになるのだが、当時は何人が気づいていたのだろうか（ちなみに作品中、鶴田の着流し姿は一度も無い）。

『博徒外人部隊』は、あまり意味があるとは思えないが一応、全三部に分かれており、それぞれの副題が字幕で出て来る。

「第1部　おれたちの履歴書」は、十年の刑期を終えた元浜中組幹部の郡司（鶴田浩二）が出所してくるところから始まる。かつて横浜には浜中組と港北会の二大勢力があったが、東京から進出して来た大東会の巧みな策謀によって、双方とも潰されてしまった。

郡司はまず大東会に挨拶に行き、会長の大場（内田朝雄）から五百万円をゆすり取る。さらに昔の仲間だった尾崎（小池朝雄）・鮫島（室田日出男）・イッパツ（曽根晴美）・関（渡瀬恒彦）・おっさん（由利徹）を集めるが、このメンバーに以前からの因縁がある元港北会の工藤（安藤昇）が加わる。深作映画らしく、戦後の繁栄からドロップアウトして行き場を失った男たちだ。おっさんが終戦直後を懐かしむや、郡司は胸に秘めていた計画を打ち明ける。

「終戦後みてえに、新しく縄張りをつくるのにうってつけの場所が、日本にはただひとつ残ってるんだ」

こうして、刑務所の中で得た情報をもとに、本土復帰直前の沖縄へ飛ぶことになる。

つづく「第2部　おれたちの縄張り」では、那覇に入った郡司らが港湾の波照間《はてるま》派や盛り場の具志堅《ぐしけん》派など地元暴力団相手にがむしゃらに戦い、犠牲を出しながらも勢力を拡大してゆく。尾崎いわく「俺たちがのし上がったころの横浜にそっくりだな」。

本土を憎み続ける、いかにも凶暴そうな与那原《よなばる》（若山富三郎）とその弟次郎（今井健二）が立ちはだかる。だが、与那原はやがて郡司にシンパシーを覚えるようになる。郡司の昔の恋人にそっくりだという娼婦（工藤明子）もたびたび登場して、郡司が気になるという琉球民謡は出稼ぎの歌なのだと、その意味を教えたりする。右側通行の自動車道、アメリカ兵だらけの市街、米軍艦が浮かぶ那覇港、横文字の看板などなど本土復帰前の生々しい沖縄の風景が記録されている（ただし米軍基地は撮影が難しかったようで、ほとんど出て来ない）。

そして最後が「第3部　おれたちの仇敵」。本土から沖縄の利権に着目した、大東会の幹部貝津（中丸忠雄）が兵隊を大勢連れて乗り込んで来る。貝津は波照間を呼び出し、港湾の独占を持ちかけて、手を組む。これに激しく抵抗する与那原は、殺される。最後は生き残った郡司や工藤の四人で、海路沖縄に到着した大場を埠頭で襲撃。大場を追い詰めて殺すが、みずからも撃たれて蜂の巣、血まみれになって死ぬところでエンドマーク。この最後の殴り込みで一応、任侠映画の体裁を整えてはいる。

後年の深作は「たかが五、六人で沖縄を制圧できるわけがない」(前掲書)と、リアリティの点で反省している。確かに五、六人は滑稽だが、ある意味では超リアルな作品だ。

元来、沖縄にやくざは存在しなかったという。それが戦後の荒んだ世相を背景に、米軍基地から物資を盗んだりする「戦果アギャー」が横行し、「アシバー」と呼ばれる遊び人、ごろつきが生まれた。これらが集団化し、沖縄の暴力団に発展したとの説がある。

復帰後、全国制覇を目指す神戸の山口組勢力が沖縄に進出して来て、巨大な米軍基地から流れ出た大量の銃器を手にしたやくざたちが抗争を展開した。東映は早速実際に起こった事件をモデルに、中島貞夫監督『沖縄やくざ戦争』(昭和五十一年)と松尾昭典《あきのり》監督『沖縄10年戦争』(昭和五十三年)をつくる。復帰前に撮られた『博徒外人部隊』はフィクションだが、数年後に起こる事件の数々を暗示しており、不気味だ。本土に復帰すると、このような問題が起こるとの推察に基づきストーリーが練られたとすれば、すでに深作は「任侠」という美談とは違う、リアルなやくざの行動パターンを掴んでいたのだろう。

なお、沖縄を食い物にしようと企む大東会の大場は「栄作」、貝津は「茂」という名になっている。自民党の大物代議士佐藤栄作(当時首相)と保守本流の元老吉田茂と同名、との野村正昭の指摘(『キネマ旬報臨時増刊　映画監督　深作欣二の軌跡』平成十五年)は面白い。遊び心の中に、強烈な反骨精神が見え隠れする。

25

軍旗はためく下に

先行公開／昭和四十七年三月十二日（公開／五月十三日） 上映時間／九七分 東宝＝新星映画社作品（東宝配給）
製作／松丸青史 時実象平 原作／結城昌治 脚本／長田紀生 深作欣二 新藤兼人 撮影／瀬川浩 音楽／林光
出演者／丹波哲郎 左幸子 三谷昇 藤田弓子 夏八木勲 中村翫右衛門 他

『トラ・トラ・トラ！』で深作に支払われた監督料は、破格の八百万円だったという。これは当時の東映の三倍だった。そのギャラが入ると、深作は結城昌治《ゆうきしょうじ》の小説『軍旗はためく下《もと》に』の映画化権を百万円で買い、『君が若者なら』の新星映画社へ持ち込んで映画化の話を進める。昭和四十六年（一九七一）のキネマ旬報ベストテンは十作品のうち五作品が、大手映画会社ではなく独立プロで製作されていた。日活がポルノ映画に路線変更し、大映が倒産するなど日本映画界には大きな変動が続く。そんな中で作家性の強い企画を実現させるためには、深作のようなしたたかさが必要だったのだろう。脚本は新藤兼人《しんどうかねと》に依頼したが、最初は兵隊が夜這いをかける性欲の話にされてしまう。それでは狙いとは違うので長田紀生《おさだのりお》を引っ張り込んだり、深作自身が手を加えたりして練り上げたようだ（『映画監督 深作欣二』）。

妻が徴兵された夫の死の真相を求めて、関係者を訪ね歩くという実話を下敷きにした原作小説は「中央公論」昭和四十四年（一九六九）十一月号から翌四十五年四月号に連載された。同四十五年七月に単行本が出、同年上半期の直木賞も受賞している。あとがきによると作者の、次のような経験がもとになっているらしい。

「私は昭和二十七年のいわゆる講和恩赦の際、恩赦事務にたずさわる機会があって厖大な件数にのぼる軍法会議の記録を読み、そのとき初めて知った軍隊の暗い部分が脳裡に焼きついていた。それと、私自身戦争の末期に海軍を志願してほんの短期間ながら軍隊生活を経験したことが執筆の動機になっている」

陸軍軍曹の富樫《とかじ》（丹波哲郎）が、南太平洋の最前線において敵前逃亡の罪により軍法会議で裁かれ、処刑されたとの知らせが終戦直後、妻（左幸子）に届く。

昭和二十七年に施行された戦没者遺族援護法では、軍法会議により処刑された軍人の遺族には国家の扶助は無い。だが、軍法会議が行われた証拠も判決書も無いどころか、処刑された日付すらも分からないことに不審を抱いた妻は、毎年八月十五日に不服申立書を厚生省に出すのだが、そのたびに却下される。それはもう、二十年も続いている。

厚生省も気の毒に思い、富樫軍曹が所属していた部隊の生存者に照会の手紙を出してくれたが、やはり真相がよく分からない。

ただ、返事を寄越さなかった四人の連絡先を教えられた妻は、手掛かりを求めて話を聞いて歩く。養豚業・漫才師・按摩・高校教諭、いずれも戦争を引きずって生きているひと癖もふた癖もある男たちだ。それぞれ証言が食い違うのだが、それが記憶違いによるものか、何か不都合な事実を隠そうとしているのかが、よく分からない。いずれにせよ敵前逃亡、餓死、人肉食い、上官殺しといった想像を絶する戦場での衝撃的な出来事の数々を、妻は否応無しに追体験させられてゆく。

それでもやがて、真相のようなものが浮かび上がってくる。

終戦の知らせを信じようとしない小隊長の後藤（江原慎二郎）が、半狂乱となって総攻撃をかけようとした。富樫は同郷の部下である堺上等兵（夏八木勲）と小針一等兵（寺田誠）とともに、暴れる小隊長を殺す。その一部始終を目撃していたのが、寺田（三谷昇）というマラリアと栄養失調で臥せっていた兵士で、ひそかに死んだ少尉の片腕を焼いて食い、生き延びる。そして事件を師団本部で証言して三人を死刑に追いやった後、日本に帰った。これは原作にもあるのだが、富樫らが処刑直前に米の飯を食わせろと言い張る場面が泣かせる。

焼け野原になった東京を見た寺田は、「人々はそこで恥も外聞もなく人間をむき出しにして生きていました。それが私の心に何と親しみ深く映ったことか」と言う。ところが世の中はたちまち秩序を取り戻し、特需景気に沸き、街も、家も、服装もどんどん綺麗になってしまった。一人取り残された気分になった寺田は、逃げるようにスラムに住みついたのだという。だが、そのスラムにも石油コンビナートの開発の波が、すぐそばまで迫っている。深作監督が任侠映画の中で繰り返して来た戦後繁栄を欺瞞と見る思いが、いままで以上に鮮烈に描かれる。

証言者を一巡して来た富樫の妻に、寺田は「私は食っちまったんです。あなたの御主人が殺した人間の肉を……」と告白。さらに、富樫の最期の様子を妻から尋ねられた寺田は、「天皇陛下……」と叫んだというが、それは「万歳」ではなく、「何か訴えかけるような……抗議するような……そんな叫び方でした」と記憶を辿る。最後は都会の雑踏を歩く妻の姿に、強烈な独白が重なって終わってゆく。

「父ちゃん、あんたはやっぱし、天皇陛下に花あげてもらうわけにはいかねえだね。もっとも何をどうされたところで、あんたは浮かばれもしめえがよう……」

感情を無くしたかのように戦場体験を淡々と語る三谷昇の怪演が、かえって悲惨さを想起させる。それぞれの記憶に登場する、印象が異なる富樫を丹波哲郎が演じ分けているのも見どころ。中村翫右衛門《がんえもん》が演じる、処刑を命じた陸軍少佐の軍国主義の権化のような非人間性も、リアリティがある。もちろん、左幸子の熱演も忘れ難い。終戦から二十数年しか経っておらず、何らかの形で戦争を体験した俳優たちであり、現代ならば絶対に撮れない映像だ。

この作品はソ連のタシケント映画祭で平和賞を受賞するなど、いくつかの栄冠に輝いた。暴力とエロが多い日本映画の中での「良心作」だと評されたことは、深作にとっては不満だったようだ。昭和四十七年『キネマ旬報』ベストテンでも第二位に入ったが、同ベストテン入りした、はじめての深作監督作品となった。

26

現代やくざ　人斬り与太

公開／昭和四十七年五月六日　上映時間／八八分　東映東京作品
企画／俊藤浩滋　吉田達　高村賢治　脚本／石松愛弘　深作欣二　撮影／仲沢半次郎　音楽／津島利章
出演者／菅原文太　小林稔侍　安藤昇　渚まゆみ　待田京介　地井武男　他

東映の任侠路線も十年近く続くと、さすがに観客から飽きられようとしていた。それでも路線の生みの親で、プロデューサーとして辣腕を奮って来た俊藤浩滋は、まだまだ強気だったという。しかし柔軟性も備えており、深作が「主人公は何かといっちゃあ迷惑をかけるやつで、あろうことか親分が警察で詫びを入れているのに、聞きもしない」という物語の構図を示したら、「うん、そういうやつでいい。面白いだろう」となったという（『映画監督 深作欣二』）。

こうして、「いちばん悪いやつが主人公で何が悪いんだ」と考える深作と石松愛弘《よしひろ》が脚本を練ってゆく。昭和四十七年（一九七二）二月に深作が新宿の安宿に籠もって脚本を直している最中に、ちょうど連合赤軍による「浅間山荘事件」が起こった。テレビ中継に釘付けになりながら書いたのだと、深作は語る。

前作『軍旗はためく下に』が「反戦映画」の「良心作」として評価されることに対する反動だったともいうが、これは後付けの理由のようだ。それぞれの公開日から見ても、『現代やくざ　人斬り与太』の制作は『軍旗』の評価如何にかかわらず進行していたはずである。それにしても東宝で『軍旗』、東映で『人斬り与太』が同時に上映されていた週があったわけで、深作が日本映画界の先頭を精力的に走っていたことが分かる。

舞台は川崎。主人公は沖田（菅原文太）という、愚連隊のチンピラだ。組織に属するのが大嫌いで、圧力をかけて来た滝川組の組員を風呂屋で斬りつけ、刑務所行きとなる。五年間の刑期を終えて出所したら、川崎の裏社会もずいぶんと変わり、滝川組と矢頭組が勢力を二分しながらも、表向きは合法的に平和を保っていた。そのため鉄男（小林稔侍）や安夫（地井武男）らチンピラたちは行き場を失い、エネルギーを持て余している。かつて沖田らが強姦したすえ、娼婦として売り飛ばした君代（渚まゆみ）とも、再会する。沖田は「大体ヤーコーなんか頼りにするからダメなんだよ。欲しいものは己の腕で取れ、腕で」と、みずからの信条を説く。

人斬り与太
（DVD 発売中　2,800 円＋税
発売元：東映ビデオ）

沖田はやくざの世界から弾き出された木崎（小池朝雄）を参謀格として、数人の子分とともに桜会を結成し、勢力を伸ばしてゆく。だが、政治的駆け引きを得意とする木崎は、沖田が滝川組に襲われて負傷したのを機に組長の矢頭（安藤昇）と結び、その傘下に入った。矢頭は沖田を自分の若い頃を見るようだと、可愛がる。沖田も一応は納得するが、安定した毎日が面白くなくなってくる。そんなおり、全国制覇を目指す関西の三栄会が関東進出の足場として、滝川組と手を結ぶ。毎日退屈な沖田は、川崎に来たサイエイ会長の大和田（内田朝雄）にちょっかいを出して大問題になってしまう。「一度負け癖がついた犬はそれっきり、噛み付くことすら忘れちまう」と、謝罪することを徹底して拒む沖田は、筋を通せと迫る矢頭から破門される。

これを契機にサイエイ会は、凄まじい勢いで川崎に進攻。対する矢頭は大胆にも滝川（諸角啓二郎）を殺し、大和田と手を結ぶ道を選ぶ。しかし沖田に対する好意を捨てきれない矢頭は、沖田ら桜会の助命を大和田に直談判する。

だが、廃工場に立て籠もった沖田は、矢頭の恩情が理解出来ない。矢頭から説得されても抵抗を続けようとするが、結局子分を守るために指を詰める。さらにはサイエイ会の組員たちの、執拗なリンチにも耐える。ところがそこに、沖田の女である君代が飛び込んで来て、サイエイ会に殺されてしまう。それを見た沖田は狂ったようにドスを振り回して暴れ出し、たちまち蜂の巣にされる。空しく横たわる沖田と君代の死体に、エンドマークが出る。

君代の田舎の母がつくったという赤飯の握り飯や、君代が最後に沖田に届けようとした赤飯が、いずれも踏みにじられるのが印象的。深作にとり「米の飯」は、飢餓感の象徴なのだ。

菅原文太の、深作映画初主演作であり、七十年代初頭の荒々しい時代の空気がフィルムの中にそのまま吸収されている。揺れる手持ちカメラ、切れの良い編集、軽快なテンポの音楽、どれをとっても従来の任侠映画ともギャング映画と違う。解放され、弾けまくる深作がそこにいる。深作を押さえ付けて来たものとは、何か。それは「鶴田浩二」である。誤解無きよう断っておくが、鶴田は任侠映画には不可欠な素晴らしい俳優だ。だが、耐え忍ぶことを美学とする鶴田的なものが邪魔をして、深作の表現したかった戦後の世界は、つねに消化不良を起こしていた。ところが鶴田を除き文太に置き換えたら、とんでもない世界が見えて来たのだろう。

映画の中の文太は我慢することなんて知らず、やられたら何倍もの力でやり返す。恐喝、強姦も日常茶飯事で、ケンカも売りたい放題。痛い目に遭ったら、悲鳴をあげてのたうちまわる。鶴田には絶対に出来ない役どころだが、文太が演じたら、実にリアルで様になる。深作より三つ年下の昭和八年生まれの文太は十代前半で敗戦を体験し、社会の価値観が無責任に一転するのに戸惑い、闇市を見て育った世代だ。文太の痩せた容姿は、そんな飢餓感を見事に体現している。映画のポスターに踊る惹句、「なぜ吠える　なぜ暴れるか　野良犬文太！」というのも面白い。吠えたり、暴れたりしているのは「沖田」という劇中のチンピラなのだが、それが文太そのもののイメージにされているのだ（実際の菅原文太は紳士的で知的な人だった）。

また、降旗康男《ふるはたやすお》らが監督して来た文太主演の『現代やくざ』シリーズ第六作として位置付けられているが、私が所蔵する脚本は『（仮題）血と殺しの掟』と表紙にあり、当初はシリーズとは無関係の独立した作品として企画されたことがうかがえる。

27

人斬り与太　狂犬三兄弟

公開／昭和四十七年十月二十五日　上映時間／八六分　東映東京作品
企画／俊藤浩滋　吉田達　脚本／松田寛夫　神波史男　撮影／仲沢半次郎　音楽／津島利章
出演者／菅原文太　田中邦衛　三谷昇　菅井きん　今井健二　渚まゆみ　他

『現代やくざ』シリーズの六作目として公開された菅原文太主演『人斬り与太』（昭和四十七年）は興行的にあまりヒットしなかったと、深作は後年言っている。だが、東映などに興味の無かった映画ファンにまで相当な衝撃を与えたらしい。同年のキネ旬の読者選出ベストテンでは十位になった。当時学生だった映画監督の大森一樹は、その熱気を次のように語る。

「キネ旬の投稿仲間の連絡網で『人斬り与太』がとにかく凄《すげ》えという情報が入ったものの、もう封切館ではどこもやっておらず、情報誌なんてない時代、ようやく新聞の映画欄で（上映館を）見つけたのだった。

グラグラ揺れるカメラ、真横に倒れる画面、斬りつけるようなカメラワーク、破滅に向かって全力で走り抜けるアンチヒーロー。身震いするような映画がそこにあった。映画館の暗闇から出た眩しさが、そのまま映画のようだった……」（『キネマ旬報臨時増刊　映画監督　深作欣二の軌跡』）

続篇のタイトルからは『現代やくざ』の冠が取られ、『人斬り与太』の方が残り、シリーズ名になっていることからも、その反響の大きさがうかがえよう。こうして、チンピラがひたすら短絡的な暴力衝動のみで突き進む本作が企画された。この人斬り与太二部作の主人公は、石川力夫《りきお》という実在のやくざがモデルだという。深作と同郷の水戸出身の石川は、戦後間も無い新宿で大暴れしたあげく自殺したが、刃を向けたのは親分や兄貴分といった身内ばかりだった。のちに深作は『仁義の墓場』(昭和五十年)で石川の半生を正面から描くことになるのだが、『人斬り与太　狂犬三兄弟』はその助走でもあったのだ。

舞台は東京下町の歓楽街、北区赤羽などでロケ撮影している。村井組々員の権藤(菅原文太)は敵対する北闘会の会長を殺し、六年の懲役に行く。上からの指示というより、どうやら手柄を立てようと暴走したらしい。その後、村井組と北闘会は手打ち。出所した権藤はふてくされ、弟分の大野(田中邦衛)と勝手に売春稼業に手を出したり、北闘会の賭場を荒らしたりする。さらには蛇を使う一匹狼の谷(三谷昇)も仲間に加わり(これで三兄弟、ただし谷は真っ先に死ぬ)、組のルールなどお構い無しに北闘会を挑発し続けた。あるいは強姦した田舎娘の道代(渚まゆみ)との間にも、奇妙な愛情が芽生える。出前のラーメンのチャーシューを、権藤が道代の丼に移す場面が、さりげなくていい。

以後もトラブルが起こるたび、組長の村井(内田朝雄)は権藤を庇い続けるが、ついに我慢の限界が来てしまう。そして、権藤を殺すよう大野に命じる。だが大野は権藤を殺せず、それどころかスラムに住む母親（菅井きん）に金をせびりに行き、逆上した母親に殺されてしまう。権藤は祭りの日、自宅でくつろぐ村井を襲撃。追い詰められた村井が「てめえ一人で組をひっかき廻しやがって！」と、叫ぶ。まったくそのとおり。どう見ても権藤が、不必要な争いを起こして来ただけの物語だ。それでも権藤は「でもよ、親が子を殺すってのはねえよな」と自分勝手な理屈を不気味に呟き、村井を殺す。

つづいて権藤が逃げ込むのは、廃墟となった映画館。その入口には深作の旧作『博徒外人部隊』の、巨大な看板が捨てられてある。ドスを構えた鶴田浩二らが描かれているのだが、これは任侠映画との決別を意味するセルフパロディだったのか。

こうして権藤は、追って来たかつての身内に、寄ってたかって撃ち殺される。ラストシーンはラーメンをすすりながら泣く道代に、「そして数ケ月後、この女は狂犬の血を引いた赤ん坊を産んだ」の字幕が重なり、エンドマークが出る。

組織に属しながら無茶苦茶に暴れるという点では前作の沖田よりも、今回の権藤の方が石川力夫に近い。後年ドキュメンタリー映画監督原一男との対談で深作は、暴力の意味につき、「人間の感情があらゆる理屈を飛び越えて一つのアクションに集約される、それが暴力なんじゃないか」（原一男『ドキュメンタリーは格闘技である』平成二十八年）

と語っているが、人斬り与太二部作を見ると、その言の意味が一段と理解出来る気がする。

第三章 『仁義なき戦い』の時代

―『仁義なき戦い』から『ドーベルマン刑事』まで―

アメリカの経済力はベトナム戦争の巨額の戦費などによって大きく後退し、昭和四十八年（一九七三）には変動為替相場制が導入されて円高が進んだ。日本は国際社会の中で経済大国として急激に発展を続け、昭和五十年以降は主要先進国首脳会議（サミット）の一翼を担うまでになる。その反面、日本映画界は衰退の一途を辿り、昭和四十七年には映画人口は二億人台を割ってしまった。老舗の大映は倒産し、日活はポルノに路線変更。刺激的な映像が求められた時代の要求に見事に応じたのが『仁義なき戦い』であり、深作欣二は急速にスター監督になり、東映は任侠から実録へ路線変更する。

28

仁義なき戦い

公開／昭和四十八年一月十三日　上映時間／九九分　東映京都作品
企画／俊藤浩滋　日下部五朗　原作／飯干晃一　脚本／笠原和夫　撮影／吉田貞次　音楽／津島利章
出演者／菅原文太　金子信雄　松方弘樹　梅宮辰夫　渡瀬恒彦　川地民夫　他

深作欣二監督の最高傑作にして、日本映画史上に重要な位置を占める名作である。十年続いた東映任侠映画が斜陽に差しかかった時のこと。ハリウッドからマフィアの抗争や愛憎を描く『ゴッドファーザー』という「外圧」が押し寄せて来た。日本公開は昭和四十七年（一九七二）七月十五日で、大ヒットを飛ばす。商魂たくましい東映の京都撮影所は、早速『ゴッドファーザー』のような作品を自分たちの手でつくれないかと、検討に入った。

こうしてわずか半年後に誕生した『仁義なき戦い』は、戦後の闇市で欲望のおもむくままに暴れまわっていた呉《くれ》・広島のやくざたちが、やがて秩序を取り戻してゆく社会の中で右往左往する、実話を下敷きにした作品だ。東映は「実録」と銘打ち、わざわざ「任侠映画」にあらずとタイトルから主張した。これでもかと言うほど荒っぽく、生々しい人間ドラマが展開され、それが大いに観客に受けたので、以後東映は任侠路線から実録路線へと方向を転換する。

これまでの深作が周囲から理解されないまま、追い求めて来たテーマの集大成のような作品だ。当然、深作が企画段階から張り切って参加していたと思いきや、そうではないところが面白い。企画どころか、深作は脚本づくりにもほとんど関与していないのだ。

映画化の経緯については、諸説入り乱れる。発端は昭和四十五年（一九七〇）五月に札幌刑務所を出所した、呉の美能《みのう》組々長・美能幸三《こうぞう》が獄中で大部（四百字詰め原稿用紙七百枚）の手記を著していたことだ。そこには広島やくざ戦争の中心人物のひとりだった美能の筆により、昭和三十八年四月から同三十九年末まで繰り広げられた、抗争の内幕が克明に記録されていた。この手記を土台に、作家の飯干晃一《いいぼしこういち》が『仁義なき戦い』の題でノンフィクション小説化して『週刊サンケイ』に連載を始める。

手記そのものでは映画化が困難なため、東映が飯干に「原作」を書かせたとか、飯干の自宅を訪ねた東映プロデューサーが、たまたま手記を見せられたのがきっかけだとか、いろいろな説がある。さらには移動の新幹線の中で連載第一回を読んだ菅原文太が、ぜひ映画化して自分が演じたいと飯干に売り込んだともいう（文太の話は昭和五十七年、東京12チャンネル系で放映された番組に出演した飯干本人が語っている）。諸説あるということは、『仁義なき戦い』がすでに伝説になっている証しだろう。ともかく、この段階では深作の名は出て来ない。

監督よりも先に決まったのは、脚本家だ。昭和四十七年九

仁義なき戦い
（ブルーレイ発売中　4,700円＋税
発売元：東映ビデオ）

月一日、プロデューサーの日下部《くさかべ》五朗から笠原和夫に依頼された。笠原は山下耕作監督の『博奕打ち　総長賭博』（昭和四十三年）や『日本侠客伝　昇り龍』（同四十五年）などで知られる、情緒的な任侠映画を得意とする脚本家である。昭和二年、東京生まれで、広島県の大竹海兵団で終戦を迎えた「戦中派」だ。依頼を受けた笠原は原作を読むが、「夥しい人名と微細に入り組んだ人脈の葛藤に、いったいどこから何をどう切り取ったらドラマになるのか、目が眩む思いだった」（笠原和夫「『仁義なき戦い』の三百日」『笠原和夫シナリオ集』昭和五十二年）との印象を述べている。

それでも月末には日下部とともに広島や呉で、取材を開始。特に会社の意向を無視し、すでにやくざ社会から足を洗っていた美能本人に会ったりした。このように関係者から話を聞き、資料を収集して、東京の自宅や京都の旅館で六十九日間を費やして脚本を書き上げてゆく。

監督が「深作」に決まったと笠原が知ったのは、脚本執筆も仕上げに入った十一月一日のこと。笠原の日記には何の感想も記されていないが、後日次のように書き残している。

「私は猛反対をした……（深作は）一度強情を張ると悪魔の如く退くということを知らない……十年程前、ある作品でたった一度顔合わせして、案の定、正面衝突してメロメロになってしまい、ついに東京オリンピックを見損なったという世紀の痛恨事の体験がある。そんな男に、打合わせもなしにぶっつけ本番ホンを渡したらどういう騒動が持ち上がるか、私は責任はとれない、直しには応じられない……思いつくままの悪口雑言を並べて防戦これ努めた」（前掲書）。

そのせいか、東映側も別の監督（一説によると中島貞夫）を用意しようとする。ところが当時、ゼネラル・プロデューサーの地位にあった俊藤浩滋が「どうしても深作で勝負する」と譲らず、深作に決まったのだと笠原は言う。このあたりの経緯も証言者により多少異なったりするのだが、ともかく十一月十五日、京都で笠原は俊藤が連れて来た深作に会った。任侠映画の生みの親を自負する俊藤が、言いなりにならない深作に何かと目をかけていたのは、これまでも述べて来たとおりだ（なお、笠原と深作がかつて揉めたというのは『顔役』のことで、降板した深作のかわりに石井輝男が監督を務め、昭和四十年一月に封切られている）。

すでに深作は、脚本にほれ込んでいた。笠原日記の十一月十五日には「深作と『ふく新』へ。今度の私のシナリオには大変のっているらしい」、同月十九日には「安井の『佐々木』に深作を訪ね、直し、打合わせ。ほぼ全体の捉え方も合致し、メド立つ」とある。確かに深作は笠原の脚本にはほとんど手を加えず撮っているが、その必要もなかったのだろう。

深作としては、初の東映京都撮影所での仕事だ。くせ者揃いのスタッフや大部屋俳優たちに、深作は連日深夜まで撮影しては酒を飲み歩くといった凄まじいパワーを見せつける。深作の新しい映画をつくろうとする熱意が周囲に伝わってゆく。原爆ドームなどの景観は別としても、広島や呉の野外シーンのほとんどは撮影所近辺で撮り、闇市は大阪市大正区の小林町の埋立地にオープンセットを組んだという。こうして完成し、鈴木則文《のりぶみ》監督『スケバン　女番長』と同時上映で昭和四十八年の正月第二弾として公開され、大ヒット。同年キネ旬ベストテン二位をはじめ、数多くの賞に輝いた。賞とは無縁だったやくざ映画としては、前代未聞である。

物語は、昭和二十一年の広島県呉市の闇市から始まる。美能幸三をモデルとした復員兵の広《ひろ》能昌三《のうしょうぞう》（菅原文太）が、友達の山方（高宮敬二）を傷つけた旅のやくざ（岩尾正隆）を射殺。それが契機となり広能は山守義雄《やまもりよしお》（金子信雄）に気に入られ、山守組に入ってやくざ社会に身を投じた。それから市議会議員たちの争いを背景に、同じ呉で勢力を伸ばす土居組との対立が生じる。土居組長（名和宏）の暗殺を買って出る広能に、山守は泣きじゃくりながら感謝し、

「無期か二十年ぐらいの刑で帰ってこれたら、そん時アな、わしの全財産をお前にくれちゃる」

と約束した。こうして土居を白昼射殺した広能は、刑務所行きに。以後、朝鮮動乱の特需などで山守組は急成長したが、組織の拡大とともに幹部たちは内紛を繰り返し、若頭の坂井鉄也（松方弘樹）が、山守をしのぐ勢いになってゆく。坂井は山守を眼前にして、

「わしらが担いで来た神輿《みこし》じゃないの……神輿が勝手に歩ける言うんなら、歩いてみいや！」

と、啖呵を切るまでになった。七年の刑期を終えて出所した広能に対し山守は冷淡で、それどころか坂井殺しまで命じる。だが、広能は山守にも坂井にも愛想を尽かし、盃を返す。「狙

われる者より、狙う者の方が強いんじゃ……」と、広能から最後の忠告を与えられた坂井だったが、間もなく山守の差し向けたヒットマンに殺されてしまう。山守が何食わぬ顔で喪主を務める坂井の葬儀に現れた広能が、祭壇に向かい銃弾を撃ち、「山守さん、弾《たま》はまだ残っとるがよ……」の一言を残して去るところにエンドマークが出る。

揺れ動く手持ちカメラやストップモーションで人物紹介の字幕が出る点などが『仁義なき戦い』の特徴のように言われる。だが、これらは深作が何度も使って来た手法で、それまでの作品を見ていれば別段驚かない。それよりも印象的なのは、全編を覆う広島弁の強烈な台詞。さらにうそ泣きも平気な、狡猾な山守のキャラクターだろう。広能が最後に、山守や黒幕の大久保（内田朝雄）を撃ち殺さないところも意外だ。我慢に我慢を重ねた主人公が、祭壇を壊した程度で引っ込むのだ。広能に感情移入していた観客のフラストレーションは、行き場を失ってしまう。だが、それがきわめて現実的で、かえってサラリーマン層の共感を得てゆく。

山守役は三國連太郎や西村晃も候補だったとか、文太と松方の役が当初は逆だったとかキャスティングにかんしても、伝説に事欠かない。ただ、平然と人を殺す割に分別臭いことを言う若杉（梅宮辰夫）に、もっと異常な狂気が欲しかった。モデルの人物は「悪魔のキューピー」と呼ばれた大西政寛《まさひろ》で、戦場で捕虜の首を斬り、大陸から復員して戦後やくざになったという。そんな体験を引きずっていることを感じさせたら、説得力ある人物像になったはずだ。

29

仁義なき戦い　広島死闘篇

公開／昭和四十八年四月二十八日　上映時間／一〇〇分　東映京都作品
企画／日下部五朗　原作／飯干晃一　脚本／笠原和夫　撮影／吉田貞次　音楽／津島利章
出演者／菅原文太　千葉真一　北大路欣也　梶芽衣子　金子信雄　山城新伍　他

『仁義なき戦い』は撮影中に早くもシリーズ化が決まり、昭和四十七年（一九七二）十二月二十一日、プロデューサーの日下部五朗は「第二部」の脚本を笠原和夫に依頼する。東映側はまだ封切られていない第一部が多分ヒットすると読み、見切り発車したのだ。

一作目は昭和三十一年二月の坂井鉄也殺しで終わるが（モデルになった事件は昭和三十四年十月）、それ以上続けると「広島抗争事件」に突入し、神戸の山口組が登場することになる。「かなり慎重な配慮と手続きをした後でなければ、自在にモチーフを処理出来ない恐れもある」（『仁義なき戦い』の三百日」）と考えた笠原は、飯干晃一の原作にほんの少し登場する岡組の山上光治という、二十四歳で自殺したヒットマンに注目した。

第一部は群像劇だったが、元来「任侠映画」を見続けて来た東映の観客には心情の突っ込みに酔う向きが残っている。そこで笠原は、「山上一人の情念を追うドラマ」をつくることを提案した。笠原日記を見ると十二月二十七日、東映京都撮影所で日下部らと打ち合わせて、「第一稿より人情面の突っ込みを深くすること等」の方針が決定される。この時点でも深作は、まだ係わっていた様子は見えない。年が明けると笠原は呉に取材に出かけ、関係者と会う。

情念を追うドラマとは、下手をすれば再び鶴田浩二的な世界に戻ることだ。せっかく脱却出来た深作が早い段階で知ったとすれば、何と言っただろうか。笠原日記によると、深作と初めて打合わせたのは昭和四十八年一月十四日、京都の笠原の宿で「基本打合せ」とある。

もっとも第一部にも鶴田的要素は、特に主人公の広能（菅原文太）に強く残っていた。広能には『人斬り与太』のような、ひたすら暴れまわるような破天荒さはない。親分や兄弟分に、何かと気を遣っている。「菅原君の主役が綺麗ごとすぎるという批評を頂いたが全くその通りである」と、笠原自身も認めざるをえない（前掲書）。こうして誕生したのは「山中正治」という、年齢が満たぬため特攻隊に行けず、戦後死に場所を求めてやくざになった若者像だ。いつも口笛で予科連の「若鷹の唄」を吹く。キャラクターだけ見たら、リトル鶴田である。

もちろん、脚本化するために史実に手を加えているが、今回は特に時代設定が大幅に変えられた。実在の「山上光治」が復員し、広島の闇市で暴れまわったのは終戦直後のことで、昭和二十三年三月二十五日には自殺している。ところが、そのまま劇化すると、第一部のラストから時間が大幅に逆行することになり、つづく広島抗争への流れが中断されてしまう。また、東映サイドからは、闇市の再現は不可能と言われる。このため物語を朝鮮動乱特需で沸く昭和二十五年から始め、山中の死をモデルの事件からは七年後の同三十年五月二十九日に設定した。

しかも山中は広島市の村岡組の組員で、大友組との抗争で活躍するから、呉市を本拠とする広能昌三を登場させるのが難しい。モデルの山上と美能も一面識も無いのだから、それは仕方ないのだが、主演スターの菅原文太を出さないわけにはいかない。そこで広能と山中が刑務所の中で知り合い、その後数回会うというエピソードを無理矢理挿入せざるをえなかった。このあたり、笠原は大変苦労したらしい。出番が極端に少ない「主演作」に文太がヘソを曲げて出演しないと言い出し、笠原と大ゲンカする一幕もあったようだ（異説あり）。

さらに、難問が発生する。当初予定されていた配役は山中が千葉真一、敵対する大友勝利が北大路欣也だった。ところがクランクイン十日前になり、北大路が山中の方を演じたいと言い出す。すでに千葉は台詞もすべて入れ、役作りも終えてやる気満々で備えていた。それでも東映関係者が渋る千葉を説得し、大友役に変更させる。

物語は工員の山中正治が、いかさま博打のすえに刑務所に入るところから始まる。出所した山中は、広島最大の組織である村岡組に入ったが、その目的は以前闇市で自分を袋叩きにした、大友組の息子大友勝利らに報復することだった。組長の村岡（名和宏）からは「極道になったら、そがいな勝手な喧嘩は許さんが、その根性はエエ」と褒められる。一方、大友は村岡組が仕切る、競輪場の莫大な利権を狙う。それを咎めるテキ屋の父親（加藤嘉《よし》）に激しく反発し、賭場を勝手に開き、殴り込みをかけたりして、あらゆる手段で村岡組を挑発し続けた。

山中は、村岡の姪で戦争未亡人の靖子（梶芽衣子《かじめいこ》）と愛し合うようになる。村岡は「惚れ合うとるんなら、二人で相談して決めてゆきゃエエ」などと、甘言で山中を巧みに操った。ますます感激する山中に、村岡は大友の子分のアジト襲撃を命じ、三人（志賀勝・福本清三・片桐竜次）を射殺させる。だが、その夜山中は張り込んでいた刑事に、あっけなく捕まってしまった。無期懲役の判決を受けた山中に対し村岡は冷たく、強引に靖子の再婚話を進める。それを獄中で村岡の舎弟高梨（小池朝雄）から知らされた山中は、脱獄する。

ところが、またも村岡に適当に言いくるめられた山中は、大友を襲うが果たせなかった。さらに村岡にそそのかされて高梨を射殺した山中は、警察に追い詰められ、逃げ込んだ空き家で拳銃自殺する。それまで辛抱して来た靖子は狂ったように泣きじゃくり、村岡に抗議するしかない。山中の通夜の席で酒を飲みながら歓談する村岡ら親分たちを、広能が苦々しく眺める。原爆ドームの映像に、次のナレーションが重なりエンドマーク。

「山中正治は広島やくざの典型として、現在もその名が語り継がれている。だが、今その墓を訪れる者は一人もない。こうした若者の死を乗り越えて、広島やくざの抗争はさらに激しく拡大の一途を辿っていったのである」

先述のように山中は戦争に行き遅れた世代、おそらく昭和五年か六年生まれと設定されている。十五歳で終戦を迎えて戸惑った、深作とまったく同年配だ。深作も、ある種の共感はあっただろう。ただ、生きるために日々必死だったというのが現実で、戦後十年経っても山中のような形で戦争を引きずっているというのは、理解出来なかったのではないか。山中が終戦により失った天皇への忠誠心を、村岡という組長に向けていることは明らかだ。それは笠原が得意とする世界だったかも知れないが、深作が苦手としたマゾヒズム的な、鶴田的美学だった。

だから、あらゆる秩序から解き放たれ、自由を謳歌するかの如く暴れまわる大友の方に、深作は強く共感しながら演出したことは一目瞭然である。本作のテーマは、広島版『人斬り与太』とリトル鶴田の戦いなのだ。まず、大友の欲望丸出しの台詞が、呆れるほど凄い。

「村岡が持っちょるホテルは何を売っちょるの、淫売じゃないの。言うなりゃあれらはおめこの汁で飯食うとるんで……わしら、うまいもん食ってよ、マブいスケ抱くために生まれて来とるんじゃないの。それも銭がなきゃア出来やせんので。ほうじゃけん、銭に体張ろう言うんが、どこが悪いの!?」

さらに、役交替劇への不満を叩きつけるかの如く、千葉真一が熱演する。従来のさわやかアクションスターといった自身のイメージを、ぜんぶ崩壊させても構わないといった潔い覚悟が、画面を通じ、ガンガン伝わる。梅毒のため、股間を掻きむしっているという細かい演出まで、ノリノリになって受け入れており、そのぶっ飛び具合が気持ち良いくらいだ。

もっとも深作は、同年齢の山中を否定しているわけではない。特に、かつての「軍国少年」

の思いが現れているのが、山中の拳銃自殺のシーンだ。笠原脚本では「拳銃の銃口をこめかみに当てがい、力一杯引金を引く」とある。ところが完成した映画では、山中は銃口を口にくわえて、震えながら引き金を引き死ぬ。この違いにつき、深作晩年の大変貴重な証言が残る。

「日本軍の銃は三八式《サンパチ》といって、銃身が長く、肩に担いで行進する銃。だから自決するといっても、こめかみに当てて引き金を引くことはできない。みんな、銃口を、こう……口にくわえて、銃身を両手で握り、足で引き金を引くというか……押す形だね。そうやって戦場で散ったのです」（芹沢耕二「実録映画『仁義なき戦い』が生まれた奇跡」『別冊宝島　仁義なき戦い　PERFECT　BOOK』平成十五年）

しかも深作は「捕虜になるぐらいなら自決しろ」と、この自殺方法を学校で教えられたという。同じく山中も、教わったはずである。昭和五年生まれとは、そういう世代なのだ。

本作は深作の強い希望により、若干ながら広島ロケを行っているのも特筆に値する。山中が大友一派に袋叩きにされる場面、あるいは大友が脱獄した山中に撃たれる場面などは広島市中区基町の本川沿い、「原爆スラム」と称された一角で撮影された。終戦直後、被爆者や引揚者が不法にバラックを建てて住んでいた地で、当時はまだ残っていたのだ。その後の都市開発で跡形も無く片付けられたので、現在となっては記録映像としての意味も持つ。

30

仁義なき戦い　代理戦争

公開／昭和四十八年九月二十五日　上映時間／一〇三分　東映京都作品
企画／日下部五朗　原作／飯干晃一　脚本／笠原和夫　撮影／吉田貞次　音楽／津島利章
出演者／菅原文太　小林旭　山城新伍　加藤武　渡瀬恒彦　川谷拓三　他

『仁義なき戦い』の第一作は社会現象と言われる程の大ヒットを飛ばしたので、東映は第二作撮影中にもかかわらず、本題の広島抗争事件を二本分割で描くよう、昭和四十八年（一九七三）三月八日、笠原和夫に脚本を注文した。笠原は後日「気をよくした東映は私がいやだいやだと逃げ回っている広島事件をとうとうやれと云い出した」（「『仁義なき戦い』の三百日」）と述べているが、日記には「かなりの難問だが、やるしかあるまい」と記し、闘志満々だった様子も察せられる。嫌よ嫌よも好きのうち、だったのか。これだけ反響が大きいと、スタッフもキャストもノリにノって当然である。

ちなみに同年の東映ラインナップを見ると、本格的な任侠映画はもう、ほとんどつくられていない。十月二十七日封切の石井輝男監督『現代任侠史』が目につくくらいだ。これとて、黒澤明や今井正監督作品で知られた名脚本家の橋本忍が、はじめて任侠映画の脚本を書いたという異色作で、主演の高倉健が着流し姿で日本刀を握り締め、飛行機のタラップを降りて来るといった珍妙なシーンから始まる。お世辞にも面白い作品とは言えず、後の東映は実録モノと不良モノ、子供向けアニメが大半を占める。人々は絵空事に飽きていた。監督デビュー以来、異端視されていた深作は図らずも「任侠映画」を駆逐し、一躍東映の稼ぎ頭になる。

第三部『代理戦争』は昭和三十七年から翌三十八年にかけて起こった、広島抗争事件の前半をモデルにしている。出来上がった映画は、広島市最大の暴力団村岡組の村岡組長（名和宏）の舎弟である打本（加藤武）が旧知の広能（菅原文太）を通じ、神戸の明石組に接近を企むところから始まる。打本は近く引退の噂がある村岡の跡目を狙っており、明石組をバックにすれば、自分が優位に立てると計算したのだ。この明石組が当時全国制覇を進めていた、山口組がモデルであることは言うまでもない。

ところが神戸と関係を結んだことが、かえって村岡の逆鱗に触れ、打本は排斥されて跡目は呉の山守（金子信雄）のもとへ転がり込む。これにより村岡組幹部の武田（小林旭）・松永（成田三樹夫）・江田（山城新伍）などが皆、山守組に移って来る。呉と広島に君臨して、この世の春が訪れた山守は、襲名披露の祝宴で明石組幹部を前にして、

「まったくこの打本というやつは偉うない、偉うない言うたら、こんな馬鹿おらんです。もう明石さんにベタ惚れで、朝から晩まで神戸の方ばかり向いて気にしとりますわい」

などと、悔し涙を流す打本をいびり倒した。おさまらない打本は明石組の勢力を背景に、巻き返しをはかろうとする。一方山守組は武田の提案で、明石組と対立する神戸の神和会（モデ

ルは本多会）と縁組したので、広島は神戸の二大勢力の「代理戦争」の戦場と化してゆく。

これを機に山守の引退を画策した広能は失敗し、山守組を破門される。あくまで組織第一主義の武田は「組があってのわしらじゃけんのう、こんなぁみないなモンには出てってもらうしかないんじゃ」と、冷たく広能を突き放す。こうして超大国米ソの代理戦争のごとく、肥大した戦後やくざ社会でも明石組側の打本・広能組と、神和会側の山守組が激突することになった。

第一部よりもずっとスケールが大きくなった群像劇で、人間関係はさらに繁雑だ。誰が正しいとか、間違っているとかいったストーリーでもない。おそらく一度観ただけですべてを理解するのは難しいのではないかと思うが、深作のキレのいい演出や金子・加藤はじめクセの強い役者たちの人間味あふれる熱演で、大したアクションもないのに一気呵成に見せてしまう。

小学校時代の先生（汐路章《しおじあきら》）と老いた母親（荒木雅子）に連れられ、広能組に入って来る倉元猛（渡瀬恒彦）というチンピラの存在も印象に残る。これは笠原が、第一部で刑事と撃ち合って死ぬ若杉（梅宮辰夫）のモデルとした人物の母親をヒントに創作した。広島取材のさい笠原に会ったその母親は、第一部を二度も映画館に通って観、若杉が死ぬ場面では涙したという。「お蔭で息子も浮かばれました」と感謝された笠原は、「このお母さんを映画に出したくなった」のだ（『「仁義なき戦い」の三百日』）。

作品の中の倉元は、親分広能の正式な盃が欲しいとの一念で兄貴分の西条（川谷拓三《かわたにたくぞう》）に騙され、広能と敵対する槙原（田中邦衛）を殺しに行き、返り討ちにされる。その遺骸は警察で司法解剖され、焼き場では襲って来た敵に骨壷を破壊されてしまう。泣き崩れる母親を前に、広能は飛び散った熱い骨を拾い、握り締める。広能の苦悩に満ちた表情と原爆ドームが交互に映し出され、こんなナレーションが重なってエンドマークが出る。

「戦いが始まる時、まず失われるものは若者の命であり、そしてその死はついに報われたためしがない。こうした死を積み重ねつつ、広島やくざの抗争はさらに激しく拡大の一途を辿っていったのである」

実はこのナレーション、笠原の脚本には無い。何はともあれ戦争の空しさを伝えたくて、深作が加えたのかも知れない。

同じく広能組のチンピラ西条役には、はじめ荒木一郎が決まっていたという。ところが何らかの事情で降板したため、東映京都撮影所の大部屋俳優だった川谷拓三が大抜擢された。川谷は第二部の『広島死闘篇』でも大友（千葉真一）らに拉致され、ボートに縄で繋がれて海を引っ張りまわされた後、木に吊るされ、射撃の的にされて殺されるという、まさに命懸けの危険な役を熱演している。そうした努力が、認められたのだ。

今回演じた西条は広能組が管理するスクラップをひそかに売り飛ばし、発覚するや指だけでは足りないと、左の手首から先を鉈で切り落とす。豪胆というより、軽薄なお調子者だ。しかもスクラップを売った金は彼女（池玲子）にテレビをねだられ、使ってしまったというから呆れる。ちなみに日本でテレビ放送が始まったのは昭和二十八年で、その後冷蔵庫・洗濯機と共に「三種の神器」と呼ばれるようになり、昭和三十八年には契約台数は一千五百万件との記録がある。テレビ欲しさに過ちを犯すチンピラというのも、高度経済成長の象徴であろう。川谷はこの作品で初めてポスターに名前が載り、それを見て「死んでもいい」と呟いたという話がある。これが契機となり、以後個性派俳優として各方面で活躍したことは周知のとおりだ。

なお、『仁義なき戦い』シリーズでは、広能の家庭やらが一切描かれない。二十代前半から四十代半ばまでの広能に、特定の恋人や妻がいるのかすら分からないというのも、考えて見れば不思議なことだ。脚本の笠原は第一部で広能に絡むヒロインを創作したが、モデルの美能から注文がつき、「バッサリ切らなければならないことになった」という（前掲書）。

それでも笠原は『代理戦争』の準備稿の段階では、広能のラブシーンを描く。相手は山守の襲名披露の夜、広能が入ったバーあかねのホステス京子、十八歳。連れ込みホテルに入り、

「外の人（広能のボディーガード）、帰してやったら、可哀いそうじゃない」

と言う京子に対し広能は、

「あれらはの、修行が辛くて辛くて、早よ刑務所でも何処でも行きたいと思うような性根にならにゃ、一人前の極道とは云えんのじゃ。そういう忨軽口というんがの、喧嘩いう時に一番頼

りになるんじゃ」
と話して聞かす。いかにも、説教くさいオヤジだ。理由は知らぬが、こんな場面は完成作にも、決定稿にも無い。『仁義なき戦い』は、恋愛が必ずしもドラマに必要では無いことを証明した希有な作品だと思う。

ただ、実話をモデルとしているだけに、地元広島には複雑な思いもあったようだ。広島弁までが、映画によって一躍全国的にポピュラーになった。現代ならば広島のＰＲに使えないかと考える者もいるだろうが、広島市の防犯協会などが中心になって、「ありもしない暴力沙汰を描いて広島市が暴力の町のような印象を与える」と、今後一切の広島ロケを許可しないとの方針を打ち出す。このため笠原は広島県警本部に資料を求めて断られたりして、「ありもしない暴力沙汰は一件も描いていない。実際はまだまだ多過ぎて割愛した程である」と、憤慨している（『「仁義なき戦い」の三百日』）。このため京都の市街を広島や呉に見立てて、ロケ撮影を行わざるをえなかった。

ちなみに現代では『仁義なき戦い』のフィルムは広島市立の図書館に隣接する映像ライブラリーに収蔵されており、何度か上映されている。また、広島市の繁華街にある八丁座という劇場では平成二十六年十一月の菅原文太没後、五部作を連続で追悼上映していた。初公開から四十年以上の時を経たことで、冷静に受け入れられるようになったのだろうか。

31

仁義なき戦い　頂上作戦

公開／昭和四十九年一月十五日　上映時間／一〇一分　東映京都作品
企画／日下部五朗　原作／飯干晃一　脚本／笠原和夫　撮影／吉田貞次　音楽／津島利章
出演者／菅原文太　梅宮辰夫　加藤武　小池朝雄　小林旭　松方弘樹　他

『仁義なき戦い』第四部となる本作は、昭和三十八年（一九六三）から翌三十九年の高度経済成長真っ只中に繰り広げられた広島やくざの抗争をモデルにする。いくつものエピソードをパノラマ式に展開させる群像劇だ。笠原和夫の脚本も深作欣二の演出も、あるいは音楽の津島利《つしまとし》章《あき》もノリにノッており、これでシリーズは完結するはずだった。

神戸の二大勢力を背景とした、山守組と打本組の戦いが勃発。広能（菅原文太）と打本（加藤武）はまず、中立を貫こうとする広島の義西会々長岡島（小池朝雄）を味方陣営に引き入れる。穏健な岡島は、出来るだけ平和裡に抗争を終結させようと、あれこれと考えを巡らせた。ところが、呉の繁華街で広能組幹部の河西（八名《やな》信夫）が山守側の槙原組員と口論のすえに射殺されるや、堰を切ったように抗争が激化。打本組の組員が、一般市民を誤って撃ち殺すという事件まで起きてしまう。これにより、市民やマスコミの怒りが爆発、警察も県下四百人の係官を動員して対策本部を設置し、取り締まりを強化した。

そんな中、神戸の明石組幹部の岩井（梅宮辰夫）は河西の本葬を名目に一千六百人もの助っ人を送り込み、一気に広島に攻め込む作戦を広能・打本に示す。ところがこの計画は、あろうことか打本から山守（金子信雄）サイドに伝わってしまう。山守は喜々として県警に駆け込み、広能は別件逮捕されて、戦線から離脱させられる。つづいて岡島も、軽率な山守が放ったヒットマン（志賀勝）に殺されてしまう。山守は呉に戻り、取り残された打本は狼狽するばかり。

「打本はん、あんたそれで極道かいや。それとも何か、そのへんのタクシー屋のおっちゃんか、どっちや!?」

との岩井の決起要請に対し、困惑し切った打本は、

「どっちかいうて言われたら、わしゃ事業一本に絞りたいんじゃ……」

と、尻尾を巻いて逃げてしまう。上層部の不甲斐なさに愛想を尽かしたチンピラたちは、さらに激しく争いを繰り返すが、警察と検察当局はついに幹部組長の一斉検挙「頂上作戦」に踏み切った。こうして山守・打本・武田（小林旭）・江田（山城新伍）・槙原（田中邦衛）らが、つぎつぎと逮捕されてゆく。先に捕らえられていた広能には、懲役七年三カ月の判決が下る。

粉雪の吹き込む、寒々とした薄暗い裁判所の廊下で、広能は対立を続けた武田と偶然会う。打本は執行猶予、山守は懲役一年半だったと知らせる武田は、自分も政治結社にでも転身しなければ生き残れないとぼやく。そこで広能は、しみじみと呟く。

「もうわしらの時代は終《しま》いで……十八年も経って、口が肥えてきちょって、こう寒さがこたえ

るようになってはのう……」

こうして抗争は死者十七人、負傷者二十六人、逮捕者一千五百人を出しながら、勝負もつかぬまま実り無き終焉を迎える。この、なんとも言えない空しさが、昭和一桁生まれである深作・笠原の戦後総決算なのだろう。

全編にわたり凄惨な暴力シーンの連続なのだが、喜劇のような印象すらある。それは何よりも、組織のトップである山守・打本のキャラクターや台詞が、滑稽で面白すぎるからだ。いくつかの例を、思い出してみる。

●愛人（中原早苗）と逢引き中の打本の拉致に成功した山守は、勝ち誇ったように言う。

「ハハハ……おう、打本、エエざまくれじゃのう、オメコばっかりほじくっとったけえよ」

●敵の襲撃に脅える山守が、電話口で叫ぶ。

「県警本部、県警本部か。なにイ、山守、山守義雄じゃ。なんじゃいうことあるかい。あれ程電話かけて保護せい言うちょるのに、そっちゃちっともパトカー寄越してくれんじゃないの……善良な市民を保護するのが警官の務めじゃないんか。わしが死んだらよう責任を取れよ、責任をっ！」

そう言って、子分の江田が差し出した火のついたタバコを逆さまにくわえてしまい「アチチ……」となる（これは脚本にはない。アドリブかも知れない）。

●子分たちが山守襲撃に走ったことを知った打本は、ただちに山守の腹心武田に電話をかけて知らせる。「なんで、わりゃ止めんのじゃい！」と怒鳴る武田に対し、打本は言う。

「止め言うて、なんでわしが止めにゃならんの。そっちと喧嘩しとるのに！　のう、そいで山守が助かったらよ、わしに二千万ぐらい融通せい言うて、頼んでみてくれんや」

呆れた武田は「喧嘩相手に金貸す馬鹿がどこにおるかい！　このボケっ」と、電話を切る。

●留置場に入った山守に、妻（木村俊恵）が「はい、ぜんそくのお薬」と小瓶を差し出す。山守は「ぜんそく……？」と怪訝な顔で口に含むや、急に満面の笑みをたたえる。酒が入っていたのだ。わざとらしく咳き込みながら、「こら、よう効くわ」と美味そうに飲み続ける。

卑屈と紙一重のユーモアだが、結末では、相手より優位に立っている恐ろしさ。その下で広能や武田は眉間に皺寄せ、悲壮な表情で戦いの指揮を執る。広島弁の合間に所々、凄みのある明石組岩井の関西弁の台詞が、絶妙なタイミングで挟まれるのも面白い。

「前向いても崖、後ろ向いても崖やで。あんじょう性根入れて歩くこっちゃなっ！」

「おどれらも、吐いたツバ飲まんとけよ」

深作監督はかつて『解散式』『博徒解散式』『血染の代紋』などで、暴力団壊滅作戦（頂上作戦）をほぼリアルタイムで描いた。暴力団が合法化する欺瞞、ドロップアウトする者の悲哀などだが、本作は十年ほどの歳月を経ているぶん、俯瞰した冷静な視点で「歴史」として扱っている。身勝手な親分、中間管理職の苦悩、そして新しいテレビを買うために殺人を犯す、原爆スラムに住むチンピラ（小倉一郎）の視点も忘れない。笠原は後に舛田利雄監督『二百三高地』（昭和五十五年）など戦争映画超大作の脚本を何本か書くが、天皇から庶民までをパノラマ式に描くという同じ構造である。人間や組織の戦いの普遍性を見抜いていたのだ。

なお、『仁義なき戦い』は金子信雄プロデュースで舞台化され、昭和四十九年十月二十四日から十一月二日まで、東京の紀伊国屋ホールで上演された。演出は深作と福田善之、脚本は福田・明城昭彌・中島紘一。深作の舞台初演出である。主人公は金子扮する山守で、戦後日本が生んだ妖怪のような滑稽さと恐ろしさが強調される。山守銅像除幕式に広能（室田日出男）・坂井（峰岸隆之介＝徹）・槙原（山城新伍）・山中（林ゆたか）らが集まり、昔語りするところから始まる。映画版の一作・二作を基にしたストーリーで、最後は山守がひとりこう言う。

「なに？　神戸の？　東京の？　おおう、何でもやって来たれい、わしも一歩も退かんど…抱きついて、頬すりよせて、いくらでも頭下げちゃるけんよう、頭下げるんに銭はいらんけんのう…（コンパクトを出し、パフで鼻の頭を叩きながら）じゃが、いつの間にかこがいなことになるのよ、この山守が、わしがおらんじゃあひとつもおさまらん。片がつかん。この国のことは、――すなわち、世界のことは、のう…わしゃ日本一の大侠客よ…さ、写真とれい、このポーズでええか？　どんなんでもやるど、こうか、それとも、こうか？…」

32

仁義なき戦い　完結篇

公開／昭和四十九年六月二十九日　上映時間／九八分　東映京都作品
企画／日下部五朗　原作／飯干晃一　脚本／高田宏治　撮影／吉田貞次　音楽／津島利章
出演者／菅原文太　北大路欣也　小林旭　松方弘樹　桜木健一　宍戸錠　他

監督の深作欣二も脚本の笠原和夫も、『仁義なき戦い』は第四部の『頂上作戦』で完結させたつもりだった。飯干晃一の原作も、広島抗争の終結で終わっている。ところが、相次ぐヒットに気を良くした東映サイドは、さらなる続篇をつくると言い出した。

『頂上作戦』の脚本がようやく出来上がったころの昭和四十八年（一九七三）十一月五日、日下部五朗プロデューサーや深作監督と京都で会った笠原の日記には「『仁義　第五部』も作ろうかという話も出ているらしい。冗談で紛らわしたが、事実としたら相当考慮する必要あり」と見える。

考慮すべき点のひとつは、これ以上進むと、限りなくライブに近づくことだろう。じっさいの広島では「頂上作戦」後、やくざたちは大同団結の道を選び、昭和三十九年五月には山村組が中心となって政治結社の共政会が誕生し、山村辰雄（山守のモデル）が初代会長となっていた。だが、その後も会内部の主導権争いなど、大小さまざまトラブルが起こっていたらしい。

今度は本当に、笠原は乗り気では無かったようだ。日記を追ってゆくと何度かの打合わせには顔を出してはいるものの、昭和四十九年三月八日には『仁義⑤』、七月一日週封切になったとかで、予定通り、私はオリる。高田（宏治《こうじ》）にやらすらしい。美能氏からの注文や、キャスティングの難しさを考えると、損なだけの役割だ」とあり、惜し気もなくリタイアしている。その後、笠原は集めて来た資料一括を、執筆が決まった後輩の高田宏治に渡す。

高田は後年「笠原和夫のあとを書く。そのことに武者震いしたのを覚えている……しかし私がやる以上は、『高田宏治の仁義なき戦い』を書き上げなくては意味がない」と、この大役を引き受けた時の意気込みを述べている。高田は当時はバリバリの現役だった三代目共政会長・山田久を主人公にと考え、現地に飛んで本人にも会い取材した。しかし、「ただのし上がる男の話」にしてはつまらないと、主人公の敵役として二人の「ヤクネタ」を配置したという（高田宏治『東映実録路線　最後の真実』平成二十六年）。当初副題は「完結篇」ではなく「跡目争い」だったことが、現存する脚本からうかがえる。映画の中心テーマは世代交替だ。

作品は、昭和四十年の広島における原爆記念日から始まる。黒づくめの天政会の面々が「日本に永久平和を」「暴力追放」「福祉国家建設」「民主愛国」などと訴えながら、市街の大通りを行進。当然滑稽であり、動員されたチンピラですら「会長、県会議員にでも立候補するつもりでおるんかのう」「どうせお偉方の人気とりじゃ」と、蔭で文句を言う。

七年の実刑判決を受けた広能（菅原文太）は網走で服役中で、この映画の出発点となった手記を書いている。武田（小林旭）は未決で出所し、天政会二代目会長の座に納まっており、その腹心で理事長の松村（北大路欣也）は会の近代的組織化を目指し、日々奮闘している。

松村の外見はやくざというよりも企業人で、モデルは先述の山田久共政会長だ。その前に立ちはだかるのが、「古い世代」の「ヤクネタ」たち。特に、広能の弟分である市岡（松方弘樹）と天政会幹部の大友（宍戸錠）は、敵対関係であるにもかかわらず、松村憎しの一心で手を結び、何かと松村に揺さぶりをかけてくる。

松村はヒットマンを放ち、夜の広島の歓楽街でまず市岡を殺す。この時、松村は事務所の座敷で襲撃部隊に無線で指示を淡々と出し、殺しを実行させる。かつて闇市で激情に駆られて人を殺した広能たちとは、あきらかに世代が違うと感じさせる場面だ。大友は腹巻きに拳銃を差して、市岡の仇討ちに出かけようとするが、銃刀不法所持であっけなく逮捕されてしまう。ちなみにこの大友は、第二部の『広島死闘篇』で千葉真一が演じた凶暴極まりないやくざと同一人物だ。千葉がスケジュールの都合で出演出来ず、宍戸になったらしい。

広能の出所が近づくと、広能組と槙原組のチンピラたちの抗争が激化。第一部以来の山守の腹心であり、広能と犬猿の仲であった槙原（田中邦衛）が同四十五年七月七日、白昼の路上でチンピラに殺されてしまう。この槙原は、プライベートがあまり描かれない当シリーズの主要登場人物中、家庭持ちであることが分かっているのが珍しい。第一部では殴り込みをかける話が持ち上がったさい、「女房がのう、腹に子がおって、これからのことを思うと可哀想で……」と、いきなり泣き出して逃げてしまった。この『完結篇』でも、武田が広能に槙原の死を伝え「かみさんにキャンキャン泣かれて往生したわい」と言う場面がある。かんじんの妻は一度も画面に登場しないのだが、プライベートが一切描かれなかった広能や武田に比べると、たった二つの台詞のおかげで、槙原にはどことなく生活感のようなものが漂う。

天政会の幹部たちは、広能が出所したら明石組と組んで広島に攻めて来るのではと、神経を尖らせている。そんな中、武田は出所して東京のホテルに潜伏する広能を訪ね、引退を勧告する。ところが広能は「とにかくわしはひかん、このままではひけんよ」と、若い世代に自分たちの地位を譲ることを頑なに拒否する。

つづいて天政会の三代目襲名が決まった松村も、道後温泉に静養中の広能を訪ねて命懸けの説得にあたるが「おどれの命と引き換えに、もいっぺんわしにム所へ戻れ言うんか」と、追い返される。その足で松村は、関西方面に襲名の挨拶まわりに出るのだが、大阪西成で敵の襲撃を受け、瀕死の重傷を負う。それでも、襲名式を強行しようとする松村の姿を見た広能は、ようやく引退を決意。「とにかくわしらの時代は終わったんじゃけ、落ち着いたら一杯飲まんか」という武田の誘いを、広能は「そっちとは飲まん……死んだ者にすまんけえのう……」と、断る。

『完結篇』もまた、水準以上の面白い作品であることは確かだ。しかし、シリーズを見続けて来た者として引っ掛かるのは、広能のキャラクターである。すでに前作『頂上作戦』のラスト、裁判所の廊下のシーンで、広能は「もうわしらの時代は終《しま》いで……」と、武田に向かって引退宣言しているのだ（しかも、シリーズ中屈指の名シーン、名台詞とされる）。ここで広能の出番は終わりとし、『完結篇』はいっそ松村を完全な主人公にした、新しいドラマにすれば良かった。ところが東映としては、人気絶頂期を迎えていた菅原文太を出さないわけにはいかなかったのだろう。

商魂という化け物のせいで、広能の引退宣言は無かったことにされてしまった。それでも観客の多くは記憶しているだろうから、下手をすれば広能はブレやすい、往生際の悪い男となって、登場せざるをえなくなった。笠原和夫が乗り気でなかった原因のひとつは、これだろう。

山守や打本が支配する仁義なき世界において、「仁義」を求めていた広能には、鶴田浩二的な要素が多少なりとも残っていた。だが、『完結篇』の広能には、それすら感じられない。現代ふうに言えば「老害」を撒き散らしている市岡や大友には、まだ、それなりのパワーがあり、見ごたえがあった。しかし広能の「老害」は、ひたすらに陰気臭い。繰り返し言うが、それは東映の商魂の問題であり、深作や高田らスタッフ、まして役者たちの責任ではない。

ただ、広能が引退したからと言って戦いが終わるはずもなく、そのことを暗示するエピソードが付け足される。シリーズ最後の死者は、広能組のチンピラ明夫（桜木健一）だ。襲名式後、広能の跡を継いだ氏家《うじいえ》（伊吹吾郎）が明夫ら子分数人を連れ、映画館に東映任侠映画を観に来る。そこへ槙原組の残党（川谷拓三ら）が襲いかかり、撃たれた明夫は藤純子主演『女渡世人』の巨大な看板と共に倒れて死ぬ。『仁義なき戦い』が斜陽の任侠映画にとどめを刺したのは事実だろうが、ちょっと悪趣味が過ぎるブラックユーモアである。これまで、任侠映画の時代を築いて来た者たちを挑発するかのようなシーンであった。

深作は笠原脚本との違いにつき、「高田宏治の脚本では女の役割、野川由美子の比重がすごく増えている。いままでは美能幸三の『女はお断り』という意向を汲んでたから、あまり女は出さなかったんですが、このとき急に芝居を担って出てくると、ちょっと戸惑った覚えがあります」と述べている。あるいは突っ走る若者たちの役に、長髪スタイルのショーケン（萩原健一）や松田優作を持って来るべきだったと、後悔している（『映画監督 深作欣二』）。

相変わらず強烈な個性を放つ役者が多いが、中でも松方弘樹は第一作の坂井役、第四作の藤田役に続く三度目の登板だ。演技やメークで演じ分けているのが分かる。私は松方本人から、「あの中で大きな役は、最初の坂井の鉄ちゃんだけ。あとは大した役じゃないんだよ。だから市岡の時なんかは、自分で目の下に朱を入れたりして、出来るだけ目立つように工夫して演じたんだ」などと聞いた。小さな端役に至るまで、役者たちが異常にノッている熱気溢れる撮影現場だったようで、松方のような主役級でもいつ食われるか分からない程だったという。

33

新仁義なき戦い

公開／昭和四十九年十二月二十八日　上映時間／九八分　東映京都作品
企画／日下部五朗　原作／飯干晃一　脚本／神波史男　荒井美三雄　撮影／吉田貞次　音楽／津島利章
出演者／菅原文太　金子信雄　田中邦衛　池玲子　中谷一郎　若山富三郎　他

戦後、四半世紀におよぶ広島やくざの抗争を描いた『仁義なき戦い』は一年半を費やし、五部作で完結した。いずれも大ヒットを飛ばし、映画賞も数々受賞して、社会現象にまでなる。東映は任侠から実録へと路線変更。一躍スター監督になった深作欣二は雑誌やテレビなど、あらゆるメディアに登場した。

当然、世間は深作の次回作に期待したが、東映はまたも『仁義なき戦い』を注文する。後年深作は「でもネタがないだろうと、言いましたよ。すると、無茶苦茶なことに、第一部はもうお客も忘れてるだろう。だからそれを少し目先を変えて、そこにプラス使わなかった話を入れて、と（笑）。プロデューサーらしい大雑把な発想です」と、語る（『映画監督 深作欣二』）。同じネタの使い回しは、素材が限定される「実録」の持つ宿命だろうが、そのサイクルの短さと、企画決定のアバウトさに、いささか驚かされてしまう。

こうして『仁義なき戦い』第一部のリメークが完成した。ただし闇市や、山守組誕生のエピソードは割愛されている。物語は浅田組長襲撃から始まり、山守組の内部分裂、若頭坂井の死までが描かれる。もっとも、山守は役名も役者（金子信雄）も同じなのだが、広能は三好（菅原文太）、槙原は坂上（田中邦衛）と、役者は同じでも役名が変わっているから、ちょっと紛らわしい。第一部で松方弘樹が演じた坂井の役名は、今回は青木（若山富三郎）。他にも松方弘樹・渡瀬恒彦・宍戸錠・山城新伍・川谷拓三・室田日出男・八名信夫・名和宏など、五部作でお馴染みの役者たちが出て来る。あるいは、五部作には出演していなかった安藤昇が広島の大親分海津を演じ、凄い貫禄だ。深作映画初出演の中谷一郎（青木の暴走を食い止めようとして殺される難波役）もいいが、実は中谷は一作目から山守の妻を演じた木村俊恵の婚約者だった。ところが木村は四部『頂上作戦』公開後に病に倒れ、昭和四十九年七月二十六日、三十九歳で他界してしまう。中谷の出演は、木村追悼の意味があったのかも知れない。

「なんぼあんたが太うなってもよ、狙うとる者の方が強いけんのう」といった前作の名台詞を再現してみたり、最後に青木が路上で派手に殺されたり（『恐喝こそわが人生』のラストシーンに似ている）と、ファンサービス（？）も忘れていない。脚本家は前五作と違うが（神波史男《こうなみふみお》と荒井美三雄《あらいみさお》）、演出の深作はもちろん、撮影の吉田貞次、音楽の津島利章なども手慣れた感じで仕事をこなしている。

それだけに、批評家たちからは作品の出来云々以前に、柳の下のドジョウばかり追い求めるような姿勢に対し、冷たい視線が向けられたと言っていい。だが考えてみると、衰退する日本映画界にあって、僅か二年前に自分が扱った同じ素材を再び料理する機会を与えられる監督など、深作しかいないだろう。第一作がいくら絶賛されたからと言って、作り手側には「こうしておけば良かった」という後悔の念があるわけで、本作はそれを知ることが出来るのである。そうなると、深作は会社の注文を逆手にとり、いくつかの実験を行っていることに気づく。

五部作には、本書で言う鶴田浩二的な要素が残っていた。これは脚本の笠原和夫の緻密な計算によるものだ。この点につき笠原は、次のように述べている。

「お客さんの中には、従来の任侠ドラマのムードを期待して来られる向きも少なくないであろう。それに屁理屈染みるが、『仁義ある戦い』の側の者が出てきて敗れ去ることで、『仁義なき戦い』の実相がより明確になるということもある。それで、義理人情のいわゆる情念芝居を紙一重の下敷きに据えておいて、出来るだけ生活臭を出すことによってドキュメンタリーに近づけようと、『半歩前進』を目標とした」(『仁義なき戦い』の三百日」)

深作はこの「半歩前進」を、「一歩前進」させてみようという実験を行った。すなわち今回の三好は広能と違い、最初から「仁義ある戦い」側の人間ではない。青木の誘いに応じて呉に帰省するさいは、朝鮮キャバレーのホステス恵子(池玲子)をうまく誘って連れてゆくが、実は「弾よけ」に使おうと考えている。夜中僅かな物音にびくつき、枕の下にナイフを隠しているという小者っぷり。あげくはすべてを悟った恵子に卑怯者よばわりされ、顔を切りつけられる。襲われそうになると、なりふり構わず便所の窓から逃げてゆく。

一方の青木も私利私欲の塊で、親分らしい度量など微塵も感じさせない。ひたすら残忍な性格が恐れられて、のし上がって来たタイプの男のようだ。機嫌が悪いと愛人の過去を蒸し返し、八つ当たりする時のネチネチした感じなど、本当にいやらしい。お互い腹の探り合いをしながら三好と会話するシーンも、陰険さばかり際立つ。だいたい若山富三郎が演じると、コミカルな人の好さがどこかで滲み出るものだが、深作はそれを徹底して封じ込めてしまっている。

このように、観客が共感出来そうもない、小者だらけの殺伐とした群像劇なのだ。任侠映画の虚構に馴染めず苦しんだ深作としては、一度やってみたかった実験だったのだろう。この実験には主演の菅原文太も賛同し、裸の女を盾にして拳銃を構える宣伝写真を撮っている。鶴田浩二や高倉健ならば、絶対に受けない仕事だろう。

では、実験結果はと言うと、あまり成功しているようには見えない。退屈ではないのだが、観客に何の感情も起こさせないような、不思議な作品になっている。笠原和夫が言うとおり、この手の劇映画はどこかに「情念芝居」が残っていないと成立しないのだろう。

深作としては初の東映正月映画だ。石井輝男監督『直撃地獄拳　大逆転』と二本立てで公開され、何だかんだ言っても大ヒットを飛ばしたところに、当時の深作の勢いを見る。

34

仁義の墓場

公開／昭和五十年二月十五日　上映時間／九四分　東映東京作品
企画／吉田達　脚本／鴨井達比古　神波史男　松田寛夫　深作欣二　撮影／仲沢半次郎　音楽／津島利章
出演者／渡哲也　多岐川裕美　芹明香　ハナ肇　梅宮辰夫　室田日出男　他

『新仁義なき戦い』を京都で撮り終えた深作監督は、ひさびさに古巣の東映東京撮影所に戻って『仁義の墓場』に取りかかる。東京としては、京都に負けられないとの意地もあっただろう。そのさい深作は「『新仁義なき戦い』とのつながりでいえば、事件を描くよりも人間を描く方が面白いと思いはじめている。かたちとしては『仁義なき戦い』の前にとった『狂犬三兄弟』などの人斬り与太シリーズですね」（深作欣二「ある戦後史の哀しみ」『シナリオ』昭和五十年三月号）と語っているが、六本も同じようなトーンの群像劇が続いたので、「個」を徹底的に突き詰めてみたくなったらしい。対象の「個」は、戦後間もない新宿を中心に暴れまわった石川力夫というやくざである。水戸出身の石川に、同郷の深作は早くから興味を抱いていた。『人斬り与太』もまた石川をモデルにしていることは、深作が何度か述べているところだ。

実話をモデルにしたという物語の石川力夫（渡哲也）は激しく向こう見ずの気性ゆえか、さんざんトラブルを起こしたあげく、自分の親分である河田（ハナ肇）を刺して十年の関東所払いとなる。ところがたった一年余りで勝手に東京に舞い戻り、それを咎めた兄弟分の今井（梅宮辰夫）を殺す。妻の地恵子（多岐川裕美）は、言われるままに芸者になって石川を支え続けたすえに自殺。破滅の道を突き進む石川は、収監中の府中刑務所の屋上から飛び降り自殺する。辞世は「大笑い三十年の馬鹿騒ぎ」。生前、石川が新宿の寺に建てた墓には、石川と今井と地恵子の名の他に、なぜか「仁義」の二文字が刻まれていた。

これでもかという程、陰惨な話だ。琴の音を使った、不安をかき立てる音楽も、カラーの中に時々挿入されるモノクロシーン（大阪西成の娼婦を主人公にした田中登監督『㊙色情めす市場』〈昭和四十九年〉へのオマージュ）も、ともかく不気味だ。ついにカラッとした青空など、一度も登場しない。商業・娯楽映画とすれば、すべてが常識外れだ。

原作として藤田五郎の小説『仁義の墓場』『関東やくざ者《もん》』の二冊があがっているが、『関東やくざ者』の方に収められた石川の生涯を描く短編「血に狂った一匹狼」が基本になっているようだ。ちなみに藤田はかつて「人斬り五郎」と呼ばれたやくざで、その自叙伝的小説は日活で渡哲也主演で映画化されている（『無頼』シリーズ）。

映画はかなりの難産だったようだ。まず、昭和四十九年六月、鴨井達比古《かもいたつひこ》に脚本の依頼がなされた。鴨井は『関東幹部会』（昭和四十六年）や『関東破門状』（同前）など、渡哲也主演の日活やくざ映画の脚本を手がけている。東映も、新機軸を求めていたのだろう。鴨井の創作ノート「笑顔のない青春―石川力夫の生涯」（『シナリオ』昭和五十年三月号）によると、東映は「菅原文太を中心としたスケールの大きな実録モノにしたい」との意向だったらしい。

ところが鴨井は関係者を訪ねて取材を重ねるうち、「石川の笑顔がどうしても浮かんで来ない」といった難題にぶつかる。それでも十月十二日に「第一稿」、二十七日に「第二稿」を書き上げた。そのころには監督は深作、主演は渡哲也と決まっていたようだ。

実現すれば渡にとって念願だった、東映初主演作となる。ホームグランドの日活がロマンポルノ路線に転じたため退社した渡は、石原プロモーションに所属し、東宝や松竹の作品に若干出た後、昭和四十九年のNHK大河ドラマ『勝海舟』の主演に抜擢された。ところが肋膜炎のため九回（全五十二回）の出演でリタイアし（代役は松方弘樹）、その後急性肝機能不全症などを併発して、熱海の第二国立病院での入院生活は九カ月に及んだ。

鴨井は十一月十七日、京都に赴き、『新仁義なき戦い』撮影中の深作と会う。そして十二月十五日、自分でも納得がゆかないという「第三稿」を書き、二十四日には深作が撮影を終えて東京に戻って来たので、新宿の旅館で打ち合わせに入った。

「テーマをどこに置くか、という基本問題に立ち返り、吉田プロデューサーをまじえて討論を再開した。青春とは何か、破滅感とは何か、に始まり、暴力の問題、生き

仁義の墓場
（DVD 発売中　2,800円＋税
発売元：東映ビデオ）

方の問題……方法論の解明にまで至らぬまま時間切れ解散」

そのあと鴨井は、「第四稿」を書き上げる。この「第四稿」が、『シナリオ』昭和五十年三月号に掲載されているのだが、わざわざ、次のような編集部による注記が付く。

「『仁義の墓場』のシナリオは、印刷期日内に最終決定稿が出来上らず、やむを得ず改稿中途の第四稿を掲載しましたので、御了承下さい。映画化には、松田寛夫氏、神波史男氏も加わって作成されたシナリオが使用されるとのことです」

これだけでも、かなり苦戦している様子がうかがえる。この年の暮になって新たに参入した松田・神波はいずれも大学卒業後、東映に社員として入った生え抜きの脚本家だ。

鴨井一人で書いた脚本は、「個」を究めたいとする深作の意に添わない、石川を中心とする「新宿やくざ抗争」の話だ。最初に東映から「スケールの大きな実録モノ」との注文が付いていたから、鴨井も気負っていたのかも知れない。言うなれば『仁義なき戦い』の新宿死闘篇であり、深作は乗れなかった。深作は後年、石川のキャラクターの面白さを次のように語る。

「本当に酷い男ですわ。ただ、普通に酷い男というのとちょっと違うのは、甘えのあることですね。果てしなく親分に甘え、兄弟分に甘え、どこまで甘えを許してくれるかというのがあって、それが俺たちの人間関係の基盤だ、と。だから、ひたすら身を擦り寄せていって相手が辟易したら、もう兄弟分じゃねえ、となっちゃう」(『映画監督 深作欣二』)

そして深作は、なぜ、そのような凶暴極まりない人物が誕生したのかという答を、わざと示さない。従来なら、終戦や戦後の混沌あたりに原因を持って行っただろう。

映画の冒頭で関係者の声が紹介される。その中に、石川が狂った理由を「ガチャガチャした戦後の混乱ですかね?」との問いに対し、「それもあったかも知れねえが、もともと混乱してんだからあの野郎、戦前も戦後もあったもんじゃねえんだから、関係ねえ」と、水戸弁で答える者がいる(この部分だけは深作自身の声らしい)。深作は最初から、「戦後の混乱」なんて理由を封じ込めた上で、物語に突入してゆく。そして時代のせいではなく、本人の持つパーソナリティーの部分に負うところが大きいのではと、思わせるのだ。

私の手元には『仁義の墓場』の脚本が二種ある。ひとつは企画の吉田達《とおる》が持っていた第四稿で、『シナリオ』誌に掲載されたものとほぼ同じだが、スタッフなどへのギャラ配分のメモがつく。その中には組関係者とおぼしき三人の名もあり、それなりの額を包んだとあり、「実録」ゆえの配慮がうかがえる。もうひとつは助監督某が持っていた「改訂稿」で、じっさいの撮影で使用されたもの。多くの号外(現場で当日急遽変更になった部分を印刷したもの)が随所に張り付けられ、現場でもかなりの改変が繰り返された生々しい様子がうかがえる。

あるいは脚本の中に細かく記録された、昭和五十年二月一日から十日までの製作進行表も興味深い。この映画の封切り日は二月十五日だった。にもかかわらず二月に入っても撮影は行われており、特に渡哲也こと「石川」の出番は、隙間なくびっちりと続けられている。とうとう八日（石川の出番の最終日）にB班が立った模様で、撮影は翌九日で終わった（資料によっては十日がクランクアップ）。九日の十六時から十七時がダビング及び映倫ラッシュ、同日の十七時から翌十日午前八時まで編集ラッシュとなっている。当時は当たり前だったのかもしれないが、ともかく超タイトなスケジュールに驚かされる。

徹夜続きの渡の演技は肉体を削っているような、鬼気迫るものがあるが、その後も映画のキャンペーンなどで、満足な休みがとれなかった。案の定、高熱が出てなかなか下がらず、三月十日には東大病院にかつぎ込まれる。このため、念願だった高倉健との共演作『大脱獄』を降板することになった（柏木純一『渡哲也　俺』平成九年）。

最後に、石川の妻である地恵子について触れておく。映画の中の地恵子は自らの意思を持っているのか、よく分からない人形のような女だ。だが、鴨井が描いた地恵子は、たとえば親分を刺した石川が逃走しようとすると、わざと警察に通報して捕らえさせ「…殺されるより、刑務所の方がましでしょ！」と言う、強い女だった。無表情な地恵子がいきなり自殺してしまう不気味さにより、石川の不気味さもまた際立つように改変されているのが、凄い。

35

県警対組織暴力

公開／昭和五十年四月二十六日　上映時間／一〇一分　東映京都作品
企画／日下部五朗　脚本／笠原和夫　撮影／赤塚滋　音楽／津島利章
出演者／菅原文太　松方弘樹　成田三樹夫　佐野浅夫　梅宮辰夫　金子信雄　他

この作品は、任侠から実録に路線変更した東映に対し、警察当局の風当たりは厳しかったことが発端となり誕生したと言われる。山下耕作監督『山口組三代目』（昭和四十八年）などが大ヒットしたこともあり、警察は東映が山口組の資金源になっていると疑う。諸々あって昭和四十九年（一九七四）十一月二十六日、兵庫県警は東映本社や関西支社はじめ関係者宅などを家宅捜索した。疑惑は晴れたが、面白くない岡田茂社長は『県警対組織暴力』とのタイトルを思いつき、笠原和夫に脚本の注文を出す。笠原は『仁義なき戦い』のさい、広島や呉で集めていたネタを盛り込んだりしながら、悪徳刑事とやくざの物語を書き上げてゆく。

監督は深作、主演は菅原文太が決まり、『頂上作戦』以来のトリオだと、話題になった。『ダーティーハリー』や『フレンチ・コネクション』など、アクの強い刑事を主人公にしたハリウッド作品が大ヒットしていたから、それらの日本版の意味もあったのだろう。予告篇には「ダーティー文太の凄い迫力」という惹句が出る。

深作は前作『仁義の墓場』の脚本がなかなか気に入らず、撮影現場でも直し続けたのは先述のとおりだが、『県警対組織暴力』は脚本の準備稿が即決定稿となった。『仁義なき戦い』を経て生まれた、深作の笠原に対する絶対的な信頼があったのだろう。ともかく完成度の高い脚本で、そのことは笠原自身も認めている。ただし笠原は「台本どおりに律義に撮ってる」ことが、かえって面白味に欠けると不満だった（笠原和夫ほか『昭和の劇』平成十四年）。

舞台は昭和三十八年の倉島市。倉島署捜査第二課の刑事久能（菅原文太）は六年前、大原組若頭の広谷（松方弘樹）が三宅組長を殺したのを見逃して以来、堅い絆で結ばれている。久能の仲間で万年ヒラ巡査の吉浦（佐野浅夫）などは、「極道じゃ警察官じゃ言うて、変わりゃせんのよ。仁義のかわりに法律が物言うとるだけで。中身言うたらよ、みんな就職に溢れた売れ残りじゃけえ」と、無茶苦茶な理屈を叫びながら、やくざたちと酒を飲む。このように警察とやくざがベタベタに癒着する町に、大阪から川手（成田三樹夫）が流れて来て組織をつくり、広谷と対立した。大原の兄弟分で市議となった友安（金子信雄）は、コンビナート建設の汚職に利用するため、新興勢力である川手を支援する。

倉島市は暴力取り締まりを強化することになり、県警はエリートの海田《かいだ》警部補（梅宮辰夫）を送り込む。友安は海田を取り込み、策略をめぐらせて大原組を解散に追い込んだ。広谷は怒り狂い、川手組顧問になった吉浦をホテルに監禁して籠城。説得に応じた振りをして逃走しようとした広谷を、久能は射殺せざるをえなかった。その後、海田は県警を退職して企業に天下り。昭和四十年三月、倉島湾大橋島派出所の巡査に降格された久能はある雨の夜、暴走するダンプに跳ねられ死亡した。「……加害車、不明」の字幕に続き、エンドマークが出る。

『仁義の墓場』の石川力夫が狂った原因はすっきりしないままだったが、本作の登場人物たちの言動には、理由がある。笠原の脚本らしく、戦中派、闇市派の癒えることのない飢餓感がさまざまな場面に顔を出す。最初に広谷と久能を結び付けたのは、一杯の茶漬けだった。久能が警官になった理由は、ヤミ米を没収された悔しさからだ。広谷らを冷酷に追い詰めてゆく海田に向かい、久能が年齢を問う。「三十一だが」という海田に、久能は食ってかかる。

「ほいじゃあ日本が戦争に負けた時は、小学生じゃったのう。あん頃はのう、上は天皇陛下から下は赤ん坊まで、横流しのヤミ米食ろうて生きとったんで。あんたもその米で育ったんじゃろう、おう。きれい面《づら》して法の番人じゃ何じゃ言うんじゃったら、十八年前、われが犯した罪清算してからうまい飯食うてみいや」

県警対組織暴力
（DVD 発売中　2,800 円 + 税
発売元：東映ビデオ）

海田は何のことか分からない。当然である。やくざの取締まりを、こんな理屈でやめるなんて、有り得ない。だが、理屈にならない理屈をこねる久能の戦中派のモヤモヤした口惜しさは、観る者に伝わる。さらに久能が海田の食べていたカレーライスを手で払い、壁

にぶつかって米粒が飛び散るといった強烈な演出を加えるのが、深作だ。そう言えば、冒頭の死にに行くはずのチンピラたちが車の中で、寿司をムシャクシャとほお張るシーンもなんか印象に残る。

キャスティングで言えば、『仁義なき戦い』でやくざを演じた俳優たちの多くが一転して警察側の人間を演じているのが、面白い。ずる賢いが、どこか滑稽な金子信雄の友安は、どう見ても『仁義』の山守だ。梅宮辰夫のエリートぶりも板についており、かえっておかしい。

川手組のチンピラ松井（川谷拓三）を久能と同僚の河本（山城新伍）が殴る蹴るのすえ、裸にひん剥いて取り調べるシーンは、川谷の体当たり演技が伝説になっているほどだ（『仁義なき戦い』北米版DVDボックスの特典ディスクには、このシーンの凄まじい撮影風景が収録されている）。当時、若手俳優として飛ぶ鳥を落とす勢いだった萩原健一は偶然、東京の酒場で一人飲む川谷を見つけ、「『県警対組織暴力』見ましたよ。松井卓よかったですねぇ」と声をかけた。そして同年、自らが主演する日本テレビ系のドラマ『前略おふくろ様』のトビ職人役に川谷を出演させた（川谷拓三『3000回殺された男』平成三年）。これが川谷がお茶の間で親しまれる、きっかけとなる。

笠原脚本の台詞も、相変わらず魅力的だ。殴り込みに行こうとするチンピラたちを見つけた久能が「おまえらみとうな雑魚《ざこ》引っ括《くく》って、ブタ箱に放り込んでみても税金の無駄遣いじゃ……やるだけやって死んで来いっ！　その方が掃除が早いわい」と、送り出す。広谷が「市会議員の先生をマトにかけちゃしませんがの、事故には気イつけてつかいや」と、友安を脅す。広谷がホステスの麻里子（池玲子）を激しく犯した後、「性教育もしんどいもんじゃのう」。海田警部補が「取締り本部の海田だが、広谷か」と名乗ると、広谷が「取締まられ本部の広谷じゃ」と応じる。投降を勧める久能に向かい、広谷は「上に吐いたツバ、下に落ちんと思うとるんか。ポリのあんたには分からんじゃろうがの」等など、いくらでも思い浮かぶほどだ。

私は広谷役の松方に会った時、持参した『県警対組織暴力』と『北陸代理戦争』の脚本にサインを貰った。松方は『県警対組織暴力』の方を手に取ると、

「これはとにかく、ホンが面白かった！　だからすぐ出演を決めた」

と即座に言った。余程気に入っておられた作品のようだが、『無冠の男　松方弘樹伝』によれば平成二十三年ころ、『県警対組織暴力』の続編の企画を松方自身が立てていたという。「僕がゾンビのように蘇って、巨大組織のトップに君臨してて、それを小栗旬演ずる文ちゃんの息子の警官が殺しに行く話を考えたんですよ」と語っている。だが、スポンサーの当てまでつけたのに東映会長は「現在《いま》はこういうのはダメだよ」と乗らず、潰れたらしい。松方は平成二十九年一月二十一日、七十四歳の生涯を閉じた。

36

資金源強奪

公開／昭和五十年六月二十一日　上映時間／九二分　東映京都作品
企画／日下部五朗　杉本直幸　脚本／高田宏治　撮影／赤塚滋　音楽／津島利章
出演者／北大路欣也　川谷拓三　室田日出男　太地喜和子　名和宏　梅宮辰夫　他

『仁義なき戦い』で売れっ子監督になった深作欣二監督を、東映はこき使った。封切り日で言うなら『新仁義なき戦い』が昭和四十九年（一九七四）十二月二十八日、『仁義の墓場』が同五十年二月十五日、『県警対組織暴力』が四月二十六日、そしてこの『資金源強奪』が六月二十一日となる。なんと、二カ月に一本のペースで新作が公開されていたのだ。

しかも、それぞれの作品のクオリティーは決して低いものではないことに、もっと驚かされる。四十四から五歳にかけての深作は、本当に脂が乗りまくっていたらしい。それでも、あまりの多忙振りに悲鳴を上げ、『資金源強奪』のクレジットを「監督　ふかさくきんじ」と、平仮名にしたとの説もある。

脚本は『仁義なき戦い　完結篇』を書いた、高田宏治のオリジナルだ。実録路線が早くも行き詰まる気配を見せていたところに、飛び込んで来た企画だという。当時高田は、「はじめ、スーパーアクション強奪、と言う題を与えられて来たのです。ところが、クランクイン直前になって、会社は、資金源強奪と言う、従来のやくざ映画調の題名に変更して来たのです。類似題名の作品が、興行的に成功しなかったのが、その理由のようですが、甚だ、憮然として、白けております。なにしろ、一連の東映番組系列から抜け出そうと、悪あがきして、こしらえたものですから」（高田宏治「深作演出への期待」『シナリオ』昭和五十年八月号）と、述べている。ともかく、ひたすら軽快なテンポで進むアクション映画だ。脚本も音楽（津島利章）も役者の演技も、もちろん演出も、ライトな感覚で退屈する暇が無い。

物語はまず、大阪羽田組のチンピラ清元武司《きよもとたけし》（北大路欣也）が兄貴分の国吉（名和宏）にそそのかされ、敵対する照南会《しょうなん》の天野会長（鈴木康弘）を殺し、八年の刑期を終えて出所する。だが、武司の恋人静子（太地喜和子）は国吉の情婦になっており、羽田組も照南会と手打ちすることが決まり、武司は身の置き所が無い。そこで武司は、あっさりと堅気になると宣言。ところが刑務所内で知り合った鉄也（川谷拓三）・熊吉（室田日出男）とともに、滋賀の雄琴温泉で開かれていた羽田組主催の花会を襲撃し、三億五千万円もの大金を奪う。題名に入っている「強奪」は、物語前半であっけなく成功する。

金は奪われ、集まった親分衆たちの眼前でメンツを丸潰れにされた羽田組は、不良刑事の文明《ぶんめい》（梅宮辰夫）を雇い、三人組強盗の行方を追わせる。一方、三人は分け前をめぐって早くも仲間割れを始めた。文明は鉄也を捕らえ、それをきっかけに三人の正体はバレ、いろいろあって羽田組は金を取り戻す。ところが、お払い箱にされた文明が今度は武司と組み、リベンジをはかる。結局生き残った武司が、空港から海外にまんまと逃れてゆく。

主人公が爽快に生き延びるというのは、深作映画では珍しい。見方によっては『仁義なき戦い　広島死闘篇』で親分（名和宏）に利用されたすえ、非業の死を遂げた山中（北大路欣也）が武司として甦り、復讐しているような感がある。登場人物いずれもが、徹底した金の亡者だ。羽田組が親分衆から被害金額を自己申告させると、みな上乗せして来るあたりも思わず笑ってしまう。静子も武司と国吉の間で、したたかに生きる女として描かれる。静子役の太地喜和子は深作と仕事が出来るとの理由で、出演を承諾したという。深作につき、次のように述べている。

「深作さんは非常に神経が繊細な方だと思います。たとえばマンションで彼を待っているシーンでも、ただ寝ているだけの、彼が帰ってくれば目をさます、そういうところでも、ベッドカバーの上に寝ているわけです。それで待っていたという感じを出すんですよね。横にテレビが置いてあって、深夜遅くなって画面がシュッシュッと白くなっている。ああいう感じにかけとくわけです。そういうところ、ああいいなぁーと思いましたね」（太地喜和子「深作監督との出会い」『シナリオ』昭和五十年八月号）

低予算のせいかロケが多く、昭和五十年の大阪・雄琴・尼崎など各地の風景が記録されており、当時の泥臭くゴミゴミした関西の雰囲気を知っている者にとっては懐かしい限りだ。

37

新仁義なき戦い　組長の首

公開／昭和五十年十一月一日　上映時間／九四分　東映京都作品
企画／日下部五朗　橋本慶一　奈村協　脚本／佐治乾　田中陽造　高田宏治　撮影／中島徹　音楽／津島利章
出演者／菅原文太　西村晃　成田三樹夫　山崎努　渡瀬恒彦　ひし美ゆり子　他

『仁義なき戦い』は最初の公開から四十数年を経、いまや日本人の日常生活の中に、すっかり溶け込んでいると言っても過言ではない。「チャラララ〜ン」で始まる津島利章の音楽をテレビのワイドショーなどで耳にしない日はないくらいだ。暴力団の抗争はもちろん、政財界や芸能界の揉め事が起こる度に週刊誌は「×××の仁義なき戦い」なんて見出しを付ける。

一体『仁義なき戦い』なんて素晴らしいタイトルは、誰が思いついたのだろう。原作が連載された「週刊サンケイ」の編集部か、原作者の飯干晃一か、あるいは東映の関係者であろうか。ここまで普遍性があるとは、当時誰も想像出来なかったであろう。

当然、東映としてはせっかく掘り当てた金脈を、そう簡単に手放すわけにはいかなかった。五部作に続きスタートした『新仁義なき戦い』を支えたのは、ずばり東映京都の未練だ。『新仁義なき戦い』一作目の脚本準備稿の段階では、山守組ではなく「松本組」で、組長名も「松本鹿蔵」になるはずだった。ところがこれが撮影用脚本になると山守組になり、組長も山守義男という、前五部作と同じ名になるのだ。『新仁義なき戦い』が『仁義なき戦い』第一部のリメークであることは、先に述べた。そのさい、他の役名はすべて変わったのに、「山守」だけは変えられなかったのだ。「山守」もまた、従来のやくざ映画には無かった新タイプのキャラクターで、ブランド化が進んでいたのである。

だから『新仁義なき戦い』の二作目も、当初は山守組モノでゆく予定だった。私は未見なのだが、佐治乾《さじすすむ》と田中陽造による二作目の脚本準備稿は、山守組の外伝となっているらしい。時は昭和四十五年十月、山守組の元幹部朝倉修次が主人公（おそらく菅原文太が演じる予定だった）。朝倉は預かった客分の不始末の代人を買わされての刑務所暮らしから、下関に落ちるといったストーリー。導入部には、おそらく金子信雄の出演を想定して、山守も登場する（松田政男「映画の現場をめぐって」『シナリオ』昭和五十年十二月号）。

ところが、ここで脚本が座礁しかけたため、プロデューサーの奈村協《なむらきょう》は困り果て、先輩の橋本慶一に相談。橋本は高田宏治を投入し、立て直そうとした。三人目の脚本家となった高田は後年「古い話なので詳しいことはあまり覚えていないが、佐治乾と田中陽造、深作欣二さんが仕事をしている旅館に乗り込んで、アイディアを延々と口立てで並べたはずだ」（『東映実録路線　最後の真実』）と述べる。『新仁義なき戦い』は山守組物語を主軸として深作監督、文太主演のコンビで、手を替え品を替えて続けてゆくという選択肢もあった。ここが、その分岐点だったのだ。そして高田が加わったことで、内容がガラリと変わる。舞台は下関から関門海峡を挟んだ北九州の「門司」へ移った。朝倉修次は「黒田修次」になり、とうとう「山守」は一切消えてしまう。そして、『組長の首』という副題が付いた。

黒田（菅原文太）は流れ者で、前歴はよく分からないという設定。昭和四十三年六月、門司大和田組長（西村晃）の娘婿である楠（山崎努）の代わりに殺しを引き受け、刑務所に入った。ところが七年半後に出所してみると、大和田組の二代目候補だった楠は覚醒剤中毒になって廃人同様。失望した黒田は、それでも「五百万円」の慰労金を執拗に求めて、組織内に波風を立てまくる。

一方、切れ者ふう幹部の相原（成田三樹夫）が勢力を伸ばして、二代目の座を狙っていた。ところが大和田は、いかにも小心者の井関（織本順吉）を跡目候補とし、黒田とも兄弟盃を交わさせる。面白くない相原は策略を巡らせて楠に大和田を殺させ、さらに大阪の大親分野崎（内田朝雄）の圧力を利用して、二代目の座を勝ち取った。弱腰の井関を尻目に見ながら、黒田は楠の弟分だった須川（渡瀬恒彦）と子分の志村（小林稔侍）とともに、執拗に相原の命を狙う。そしてついに、挨拶まわりで大阪に赴いた相原を殺し、井関を二代目の座に据えることに成功。襲名披露で、不気味にほほ笑む黒田のスチルで終わる。今後おそらく井関を傀儡《かいらい》として、黒田が陰で大和田組を仕切ってゆくことを暗示しながら……。

山守という「核」を捨てたことが良かったのか、悪かったのかは分からない。ただ、山守が不在の『仁義なき戦い』であるへ『組長の首』は、普通のやくざ映画になってしまったという印象は拭えない（もっとも、この作品も水準以上の出来であるが）。その意義を高田は「実録ドラマから離れ、ダイレクトに欲望、暴力、セックスを叩き込んだ本作は『仁義なき戦い』から解き放たれエンタテイメントになった」（前掲書）と、自ら評している。

『組長の首』はそれまでの『仁義なき戦い』とは違い、後半で派手なカーチェイスが繰り広げられる。あるいは女性が大きなウエイトを占めているのも特徴。ひたすら堪え続ける大和田の娘で橘の妻である美沙子（梶芽衣子）は、大した目新しさは無い。ぶっ飛んでいるのは綾《あや》（ひし美《み》ゆり子）だ。綾は物語の最初の方で殺されてしまう、大和田の兄弟分である赤松（室田日出男）の妻である。すでに赤松が生きているうちから、相原と浮気している。相原の没後は井関に乗り換える準備をする。抱いた男がみな死んでゆくというジンクスを持ち、「下りボンボの女」と呼ばれている。相原を殺しに来た黒田を誘惑するが、用心深い黒田は抱かずに去る。

ところが『シナリオ』昭和五十年十二月号に掲載された脚本では抱くことになっており、「凄まじい竜の刺青をみせて綾をだく黒田。狂おしいまでの声をもらす綾…」といった官能的なト書がある。この逞しい綾という女は共同脚本のひとりで、にっかつロマンポルノなどを手掛けて来た田中陽造がつくり出したキャラクターだ。このころの東映は他社で活躍する新しい才能を導入し、化学反応を期待することがあった。その、成功例のひとつであろう。

38

暴走パニック　大激突

公開／昭和五十一年二月二十八日　上映時間／八五分　東映京都作品
企画／本田達男　杉本直幸　脚本／神波史男　田中陽造　深作欣二　撮影／中島徹　音楽／津島利章
出演者／渡瀬恒彦　杉本美樹　三谷昇　室田日出男　川谷拓三　渡辺やよい　他

任侠路線は十年続いたが、『仁義なき戦い』に始まった実録路線は二年ほどで早くも衰退しつつあった。映画化可能な題材にも限界があったし、刺激が強い殺伐とした作品ばかり続いては、観客は飽きてくる。このため、東映はいくつかの新路線を模索したが、そのひとつに「カーアクション」があった。

昭和五十年（一九七五）の年間交通事故の統計では、初めて歩行中の死者数よりも自動車運転中の死者数が上回るという、車社会の時代が到来していた。また、オートバイの普及から、不良少年たちによる暴走族が各地で誕生して市民に迷惑をかけたり、抗争事件が頻発したりして社会問題化していた。

鈴木則文監督『トラック野郎』のシリーズ一作目『御意見無用』が封切られたのが昭和五十年（一九七五）八月三十日のこと。主演は実録路線の看板スター菅原文太で、重厚なやくざから一転、人情味溢れるが、おっちょこちょいで下ネタ連発のトラック運転手星桃次郎を演じた。つづいて九月二十日には石井輝男監督『爆発！暴走族』が封切られ、以後類似の作品が何本かつくられる。さらに十一月一日に封切られた深作監督の『新仁義なき戦い　組長の首』も、実録風ドラマの中に派手なカーアクションが盛り込まれるが、これは会社の希望であり、B班の関本郁夫監督が主に撮ったのだという。

そして、「今度はもうちょっとカーチェイス中心の映画にならんか」という注文が深作に舞い込む（『映画監督　深作欣二』）。脚本は深作の他、古くからの付き合いである神波史男、そしてロマンポルノの田中陽造が『組長の首』に続き参加した。

三人で京都の旅館に籠もり書き続けたが、深作のタフぶりに驚いたと神波は言う。また、神波は題名が気に入らなかったらしい。

「われわれ作者一同の関知出来ぬまま会社上層部がおつけになったものである……大体、パニックなどと云う高尚な横文字が東映映画の題名に入り込むなど革命的なことで、遂に欧化もここまで来たのだと思い、それでいて『大激突』と、洋画の邦訳題名を大つきで戴くなど東映としてはしめる処はちゃんとしめておるあたり、仲々もって端倪《たんげい》すべからざる処と思ってもみたのだ」（神波史男「悪夢と狂躁の果て」『シナリオ』昭和五十一年四月号）。

と、嫌みっぽく述べている。少し前は『スーパーアクション強奪』が、会社の一方的な意向で実録風の『資金源強奪』に変えられたと、脚本の高田宏治が文句を言っていたが、今回は会社側が「高尚な横文字」で勝負に出たのだ。どうでもいいことだが、作り手が、これから公開される作品の製作過程について堂々と公の場で文句が言えるなんて、現代からすると考え難い。会社も社会も寛容で大らかだったのだろうか。

そして製作段階になるや、「予算が足りぬから潰す車を減らせ、あっちでも一台、こっちから一台、高級外車は潰さぬよう、セットも減らせ登場人物も削れ」などと指示され、深作はついに、

「パニックにならんワ小激突や」

と、呟く（前掲書）。それでも東映はポスターなどで「人間と車の破片が弾け飛ぶ壮絶のカー・チェイス」と、凄まじい惹句で宣伝しているから、逞しい。

潰される車はみな旧式だったらしいが、いま観るとよく分からない。ただ、カーアクションといいながら、車の暴走をカッコ良く見せる気など、深作にはさらさらなかったことは分かる。ラストでありヤマ場でもある多数の車と人の衝突は、現代文明のいびつで滑稽な「地獄絵図」以外の何物でもない。タイトルには「カーアクション　東洋レーシングチーム」と出る。

物語は、これまでの深作作品には見られない展開だ。まず、中心になるのは銀行強盗を繰り返す、バーテンの高志（渡瀬恒彦）とヌードモデルのミチ（杉本美樹）の逃避行。高志はブラジルでレストランを開くことを夢見、相棒の関（小林稔侍）と銀行強盗を繰り返していたが、最後のヤマを踏み外し、関はトラックに跳ねられ死亡する。そこへ突然「分け前寄越せ」と現

れた、関の兄（室田日出男）に追われることになった。

これとは別に、ミチの亭主を自称する市役所戸籍係をクビになった男（三谷昇）、出世コースから落ちこぼれた警官（川谷拓三）といかにも頭の弱そうな婦警（渡辺やよい）のカップル、変態の医師（林彰太郎）と自動車修理工場の青年（風戸《かざと》佑介《ゆうすけ》）、暴走族を取材中だったMHKのアナウンサー（潮健児）などの物語が別々に同時進行してゆく。やがて、この別個の物語がその他大勢も巻き込んで、ラストで一カ所に集まって来る。「大激突」とはカーアクションだけではなく、市井の名も無き人間たちの「大激突」でもあるのだ。

深作としては軽いタッチの作品を目指したそうだが、田中陽造が脚本に持ち込んだと見られるロマンポルノ的な倒錯した性の世界が妙にヘビーで、後を引く。ミチは売春や万引きでコートを手に入れては、それを裸の上から羽織っている。「ミチ〜ミチ〜」と、夜の酒場を徘徊する元市役所戸籍係の不気味さ。憧れのスポーツカーを、傷つけて性的興奮を味わう青年。変態医師は罠にはめた青年の肉体を愛撫しながらメスで傷つけ、恍惚の笑みを浮かべる。

バーテンの高志の出自に関する部分は、いかにも深作好みだ。刑事の新田（曽根晴美）は高志の出身地を割り出し、急行する。そこは福井県の海辺の過疎地で、人間が住んでいたとは思えないようなボロ小屋がぽつんと建つ。働き手であった高志の兄が三カ月前に怪我をして以来一家が没落し、大阪のドヤ街に流れて行ったと、地元の警官が説明する。新田は唖然とした表情で立ち尽くすしかない。実は、新田は落ちこぼれ警官と同期だったが、ひとりセコい出世コースに乗って天狗になっているという設定だ。

つづいて高志が大阪のドヤ街の食堂で、福井から流れて来た両親と兄夫婦に会うシーンがある。「最初で最後の親孝行や」と、高志は盗んだ中から百万円の札束を父に渡す。繁栄から取り残されたため、社会の底辺から這い出せない人々の姿が描かれ、高志がなぜそこまで日本を脱出したいのか、資本主義の象徴である銀行を襲い続けたのか、理由の一端が垣間見える。

高志とミチは琵琶湖のほとりで繰り広げられたカーチェイスのすえに、脱出に成功。モーターボートに乗って、琵琶湖をひた走る。その後の細かい過程は一切説明されない。いきなり、「その後 二人の姿を見たものはいない。しかし数カ月後 ブラジル連邦共和国リオ・デージヤネイロのアメリカ銀行に 日本人と思われる男女二人組の銀行ギャングが現れ現金50万ドルを奪って逃走したという」

という字幕が出たすえに、エンドマーク。脚本の段階では脱出に成功した高志とミチが、東京の大手銀行を襲撃するところで終わりだったが、深作は高志の初志を貫徹させてしまった。一番最後に映し出されるリオ・デージヤネイロの風景が明らかに観光ポスターのようなものの複写で、低予算だったことをうかがわせる。

それでも、スタント無しでカーチェイスに挑む渡瀬恒彦の熱演は凄い。渡瀬が日頃、「俺はサクさんの映画のためなら死んでもいいんだ」などと話していたことは、私も複数の他の俳優から聞いているが、この作品を観ると実感出来る。また、たとえば巻き添えを食う市民役の志賀勝や野口貴史《たかし》といった大部屋俳優たちも、暴走する車と車の間を叫びながら走り回るなど、けっこう危険な演技をさせられている。

冒頭で高志と関が、襲撃する銀行を品定めするのだが、銀行の看板が短いカットで次々と出て来るところは、後年の『いつかギラギラする日』(平成四年)のラストと同じだ。ためしに映し出される銀行名を拾って見ると「東洋信託銀行」「神戸信用金庫」「協和銀行」「福徳相互銀行」「大和銀行」「富士銀行」「福井銀行」「三菱銀行」「第一勧業銀行」等などとなる。その後、合併統合を繰り返しただろうから、この中で当時のまま残っているものはほとんど無いだろう。

これも『資金源強奪』と同じく、京都の他にも大阪や神戸、そして滋賀の風景が記録されており、当時を知る者にとっては懐かしい映像である。私事にわたるが、いまから三十余年前、高志らが襲う第一勧銀三ノ宮支店で、私は大学生になって生まれて初めてATMのカードをつくった。現在同じ場所には、第一勧銀の後身みずほ銀行のATMコーナーがあるのみ。だからその時のカードは「深作映画」の関係資料として、いまも大切に保存している。

39

新仁義なき戦い　組長最後の日

公開／昭和五十一年四月二十四日　上映時間／九一分　東映京都作品
企画／日下部五朗　橋本慶一　奈村協　脚本／高田宏治　撮影／中島徹　音楽／津島利章
出演者／菅原文太　松原智恵子　和田浩治　藤岡琢也　地井武男　名和宏　他

深作監督による『仁義なき戦い』の冠が付いた、最後の作品である。実録風だが、基本的にはフィクション。山守的なコミカルなワルは出て来ず、暴力描写は凄まじいものの、陰々滅々とした救いの無い、ひたすら暗いトーンの映画だ。

物語は尼崎のチンピラの小競《こぜ》り合いから始まる。それが大阪の坂本組と河原組のケンカへと発展。河原組は九州七人会と結んでいたので、さらに戦火は九州に飛び火する。「警察がこわいんやったら、ヤクザ、やめてしまえ」と、大組織のボス坂本（小沢栄太郎）は幹部の米元《よねもと》（藤岡琢也）や松岡（成田三樹夫）をけしかける。そのとばっちりを受け、坂本組側の放った刺客に、七人会の副会長である北九州若松の岩木（多々良純）が殺されてしまう。

岩木の後継者だった野崎（菅原文太）は敵討ちを決意するも、七人会は坂本組と手打ちをして、お互い組長クラスは狙わないとの「紳士協定」まで結ぶ。

野崎の妹麻美（松原智恵子）の夫中道《なかみち》（和田浩治）は北九州を追われ、坂本組傘下の米元組々員になっていた。両親を炭鉱の事故で亡くした野崎と麻美は、かつて近親相姦との噂があったほどだ。

梯子をはずされた野崎は、親分たちの政治的駆け引きに反発する。「おやじも無用の血イじゃ言われたんでは、うかばれん」と、大阪に帰ろうとする坂本をダンプを使って襲撃。派手なカーチェイスを繰り広げるが、結局坂本には逃げられてしまう。それから傷だらけの野崎は関西に潜伏したが、七人会や坂本組も血眼になって野崎を探す。中道は麻美をダシに野崎を誘い出して殺そうとするが、交通事故死してしまう。

坂本は空港で病に倒れ、ホテルに運び込まれる。余命幾ばくもない坂本を、ついに野崎は殺す。組関係者ややじ馬が取り囲む中、パトカーに乗せられる野崎は「会長の首取られて黙っとれんかったら、いつでん取り返しに来いや、待っちょるで」と挑発。すると、ひとりのチンピラ（南条弘二）が飛び出して来て、野崎の脇腹を刺し「見たかーわいがやったんやで」と叫ぶ。手錠をはめられた血だらけの両手を見つめる野崎のアップに、エンドマークが出る。

終わらない暴力の連鎖を描いたラスト部分の脚本は、幾度か書き換えられたらしい。私の手元にある脚本では、野崎の子分伸吉（尾藤イサオ）が手錠をかけられ、「堪忍しとくなはれ、俺、関係ないんや、無理矢理、手伝わされただけや、関係ないんや」とわめくが、その傍らで同年配のチンピラが野崎を刺すというもの。だが、完成した作品では伸吉は野崎の忠実な部下であり、最後のホテル襲撃で敵から撃ち殺される設定に変わっている。

40

やくざの墓場　くちなしの花

公開／昭和五十一年十月三十日　上映時間／九六分　東映京都作品
企画／松平乗道　杉本直幸　奈村協　脚本／笠原和夫　撮影／中島徹　音楽／津島利章
出演者／渡哲也　梶芽衣子　梅宮辰夫　佐藤慶　金子信雄　藤岡重慶　他

やくざの世界を描こうとすると、避けて通れないもののひとつに在日コリアンの問題がある。神経質にならざるを得ないテーマだけにタブー視されがちだが、東映の実録路線には何本かこの部分を含めて描いた作品がある。大阪の明友会と神戸の山口組の抗争をモデルにした山下耕作監督『日本暴力列島　京阪神殺しの軍団』（昭和五十年）、中島貞夫監督『実録外伝　大阪電撃作戦』（昭和五十一年）などだ。深作監督が笠原和夫の脚本で撮った『やくざの墓場　くちなしの花』も、在日の問題を扱ったひとつである。

『仁義なき戦い』（昭和四十八年）を観た在日の帷子耀《かたびらあき》という詩人が、「この映画には在日が出ていないじゃないか」との旨の批評を書いたという。これに対し笠原は「今度、それをやりますから待っていてください」と手紙を出す。あるいは「一遍、在日を扱ってやくざ映画をつくりたいなとは思っていたんです」とも言う（『昭和の劇』）。

だから笠原は、深作監督、渡哲也主演で何か一本という話が出た時、在日の問題を最初からモチーフとする。脚本準備稿に付いていた仮題は『無頼の墓場』で、撮影用の脚本では『やくざの墓場』になり、さらに主演の渡哲也のヒット曲の題名『くちなしの花』がサブタイトルとなった。『仁義の墓場』(昭和五十年)の製作は東映の東京だったが、こちらは京都だけに泥臭く、雰囲気が一見して異なるのも面白い。

深作・笠原コンビの前作『県警対組織暴力』(昭和五十年)にも通じる、刑事とやくざの友情を軸にした物語だ。大阪の山王署刑事四課に配属された黒岩(渡哲也)は二年前、追い詰めて射殺したやくざ(志賀勝)の情婦との関係を、断ち切れないでいる。彼女からバーの一軒でも出せるくらいの金をと求められた黒岩は、西田組の賭場に足を踏み入れた。それが、西田組と山城組の抗争に油を注ぐ。

暴力団取り締まりを進める黒岩だったが、西田組幹部の岩田(梅宮辰夫)と意気投合するようになり、ついに盃を交わす。さらに服役中の西田組若頭の妻である啓子(梶芽衣子)とも知り合う。黒岩は山城組の背後に、元捜査副部長で金融業を営む寺光(佐藤慶)がいることを突き止める。寺光は署長の赤間(金子信雄)はじめ警察上層部と深い繋がりがあり、そのため西田組は強制的に解散に追い込まれてしまう。

黒岩は満州からの引揚者、岩田は「まじりっけなしの朝鮮人」、啓子は父が朝鮮人で母が日本人という「ハーフ」。それぞれ言われ無き差別を受け、辛酸をなめ続けて来た。その思いが三人の絆を、さらに強くする。鳥取の海岸で、過去を語り合った黒岩と啓子が抱き合うシーンは悲壮感に溢れている。

岩田や啓子らとの関係を深める黒岩は、組織からはみ出してゆく。だが、寺光から自白剤を打たれた黒岩は、岩田の隠れ家を教えてしまう。これがきっかけとなり逮捕された岩田は、罠にはまり命を落とす。最後は黒岩が警察本部に乗り込んで、元凶の寺光を射殺する。だが、黒岩もかつての同僚日高（室田日出男）に撃たれ、啓子の腕の中でVサインを出して息絶える。

『仁義なき戦い』シリーズも『県警対組織暴力』も、深作は笠原の脚本にほとんど手を加えていない。ところが本作は、脚本をところどころ触っている。一番問題なのは岩田没後、啓子が黒岩をなじる台詞で、脚本の段階では、

「日本人は信用でけへん！」

と、なっていた（ちなみに準備稿には、この台詞はない）。ところが、じっさい出来上がった映画になると、

「刑事なんか、やくざよりも信用できへん！」

に改変されている。この点につき、笠原にインタビューした脚本家の荒井晴彦は、次のように指摘している。

「在日問題やるんだったら、ストレートに『日本人は信用でけへん』というセリフに結びつく。だから、デカでもない、やくざでもない、『第三の道』なんだというのが『県警対組織暴力』

だったとすると、デカだけじゃなくて、やくざもカタギも含めて、とにかく日本人は信用できないということなんですから。『第三の道』も含めた日本人否定というか……『第一』も『第二』も『第三』もひっくるめて、あんたたち日本人は信用できないんだという」(『昭和の劇』)

なるだけ穏便にという会社の意向に深作が忖度《そんたく》した結果の改変だと推測するが、笠原は面白くなかったらしい。「僕はね、これ、見てないからね。ビデオでも見てないんだよ(笑)」(前掲書)と述べている。以後、深作は笠原とコンビを組むことはなかった。

川谷拓三・室田日出男・成田三樹夫・金子信雄等々、深作作品でやくざを演じて来た俳優が、一転して警察側になっているキャスティングの妙。最も驚かされるのは、本部長を映画監督の大島渚が堂々と演じていることだ。深作は「このころ、大島渚監督でやくざ映画をつくるという話もあったんです。それが難航して流れたりなんかして、そういうことで京撮(東映京都撮影所)とのつながりもあったんですね」(『映画監督 深作欣二』)と語っている。

なお、冒頭に「昭和51年度文化庁芸術祭参加」のタイトルが出る。予告編も試写状も同様。だが、じっさいは文化庁が一旦参加を受付けたものの、汚職や暴力がテーマなので拒否したらしい。大阪で「大阪府警」と書いたパトカーを使ってロケしていたら、本当の大阪府警からクレームが付き、「山王警察」に直したという(前掲書)。

41

北陸代理戦争

公開／昭和五十二年二月二十六日　上映時間／九八分　東映京都作品
企画／日下部五朗　橋本慶一　奈村協　脚本／高田宏治　撮影／中島徹　音楽／津島利章
出演者／松方弘樹　千葉真一　ハナ肇　伊吹吾郎　野川由美子　西村晃　他

『新仁義なき戦い』は暴力の連鎖を暗示するようなラストシーンの第三作『組長最後の日』（昭和五十一年）で完結させるつもりだったのかと思いきや、東映は第四作も準備していた。それがこの『北陸代理戦争』で、菅原文太が出演依頼に応じなかったため、『新仁義なき戦い』の冠が消える。

物語は実話をもとにしており、しかも限りなくライブに近い。徹底的に北陸という風土にこだわる点も、これまでの実録モノとは一線を画す。まず、北陸富安組の若頭川田登（松方弘樹）が、組長の安原（西村晃）に叛旗を翻《ひるがえ》すところから始まる。安本の弟分の万谷《まんたに》（ハナ肇）は、大阪の巨大組織浅田組の武闘派である金井（千葉真一）に相談。ところが、これが浅田組の内部紛争を北陸の地に引きずり込むこととなる。金井の台頭に手を焼く浅田組幹部の岡野（遠藤太津朗）が、川田側として乗り込んで来て北陸進出の足場を築いてゆく。すると川田は「血は水よりも濃い」と、今度は安原・万谷とひそかに手を結び、浅田組を北陸から追い出すことを画策する。川田から「勝てないまでも、刺し違えることは出来ます。虫ケラにも五分の意地って言いますからね」と宣戦布告され、岡野は「よう言うた、その言葉、肝にめいじて、出直して来るぞ」と、去ってゆく。

冬の北陸での厳しいロケ撮影が多く困難だったことは、映画を観れば一目瞭然だ。川田のモデルの川内組は大いに協力してくれたが、それだけに福井県警のうるさい介入もあった。

川田と刑務所の中で知り合う竹井の役を当初は、渡瀬恒彦が演じていた。ところがクランクアップ間近の昭和五十二年二月三日、雪の上をジープが走り回るシーンを撮影中、ジープがスリップして運転していた渡瀬が下敷きになり、全治一カ月の大怪我を負った。まだ残りのシーンが撮影されていなかったため、代役に立てられたのは『仁義なき戦い』などの深作作品に出たこともある伊吹吾郎だった。しかしポスターや予告編などの差し替えは間に合わず、渡瀬の名や写真、映像が使われている。伊吹が京都撮影所のセットに入り、撮影が再開されたのが十一日のことという。

渡瀬の事故によって、ただでさえ遅れていた撮影はさらに遅れ、二月二十六日の公開に間に合いそうにない。そこで二月八日、深作は盟友の監督中島貞夫に連絡をして応援を依頼した。こうして別に中島率いるB班、四十人の撮影隊が編成され、昼夜構わず撮影が続けられて、二十二日にクランクアップした。『シナリオ』昭和五十二年四月号には「深作欣二・中島貞夫共同監督」の作品として紹介されているから、その混乱ぶりがうかがえよう。結局中島が名を出すのを断り、深作ひとりの監督作品として世に出ることになる。

こうして映画はなんとか完成し、予定どおり公開された。併映は深作作品によって一躍時の人となった川谷拓三が主演する山下耕作監督『ピラニア軍団ダボシャツの天』である。

さらに、衝撃的な事件が起こる。物語はライブに近かったと先述したが、川田のモデル川内弘は映画公開の一月前の一月二十四日、菅谷組を破門されていた。菅谷組は金井組、岡野組は山口組に置き換えられるとの説があり、そうなると映画は川内の菅谷組への「宣戦布告」とも読める（高橋賢『東映実録やくざ映画　無法地帯』平成十五年）。そして四月十三日、菅谷組舎弟頭ら四人は待ち伏せの上、川内を射殺した。事件現場は、映画の中で川田が襲われる場面の撮影に使われた、喫茶店ハワイだったというから驚かされる。脚本の高田宏治は「狙われていたとは思うけど、あんな映画作りやがってと言うことが一つの引き金になった気がします」（高田宏治・西谷拓哉『高田宏治　東映のアルチザン』平成八年）と述べているように、東映京都じゅうが戦慄したらしい。私が以前松方弘樹に会い、『北陸代理戦争』の脚本表紙にサインを求めたところ、事件との符節のことを「びっくりしたよ」と真っ先に話してくれた。

『仁義なき戦い』の広能には、親分になかなか逆らえないジレンマがあった。ところが、本作は冒頭から親分の安原が雪の越前海岸に首だけ出して埋められて叫んでいる。その周囲を「親なら親らしゅうせい」と、子分の川田がジープに乗って走り回る。親子関係や仁義・任侠道などは、初《しょ》っ端《ぱな》から破綻しているのだ。この男は破滅に向かうのではなく、なりふり構わず生きるしかないのである。

川田の情婦だったきぬ（野川由美子）が、万谷、岡野と男を鞍替えしてゆくしたたかさや、きぬの妹信子（高橋洋子）が落ち目になった川田と結婚するあたりの姉妹の関係は、高田宏治脚本ならではだろう。最初は妹ではなく、高校生の弟という設定だったらしい。後年、高田が『極道の妻たち』シリーズで描いた女性像の原型との見方もある。

ただ、封切り時の興行成績は散々だったらしい。そのため深作最後の実録やくざ映画になり、東映もあと数本つくって実録路線に終止符を打つ。だが作品はその後も東映の二番館、三番館で繰り返し上映され、ビデオやＤＶＤでも発売された。

極め付けは公開から四十年近くを経て書かれた、伊藤彰彦『映画の奈落　北陸代理戦争事件』（平成二十六年）というノンフィクションであろう。関係者を訪ねて取材し、映画製作の過程と現実に起こった事件を見事に再現している。これを読むと高田宏治は笠原和夫を、松方弘樹は菅原文太という大きな壁を乗り越えようと、懸命になり本作に取り組んでいたことがうかがえる。またモデルの川内も、裏社会で正念場に立たされていた。映画の中の台詞「その人を倒さにゃ、男になれん」は高田が取材時に拾った言葉のようだが、つくり手たちが共通して抱いていた、現実の切実な思いでもあったのだ。

42

ドーベルマン刑事《デカ》

公開／昭和五十二年七月二日　上映時間／九〇分　東映京都作品
企画／松平乗道　奈村協　原作／武論尊　平松伸二　脚本／高田宏治　撮影／中島徹　音楽／広瀬健次郎
出演者／千葉真一　松方弘樹　ジャネット八田　室田日出男　岩城滉一　松田暎子　他

「劇画」と呼ばれる、リアルなタッチの漫画が流行したのは昭和四十年代前半だ。企画が枯渇し衰退著しい邦画各社は、こうした漫画を原作に実写版映画を次々とつくる。思いつくままにタイトルを列記すると『非情学園ワル』『男一匹ガキ大将』『男組』『俺の空』『嗚呼!!　花の応援団』『愛と誠』『御用牙』『子連れ狼』『ゴルゴ13』『あしたのジョー』『ドカベン』『修羅雪姫』『0課の女　赤い手錠《ワッパ》』『女囚701号さそり』『サーキットの狼』など。この風潮の中で深作監督は『ドーベルマン刑事《デカ》』を映画化したが、すでに劇画ブームも下火になっていた。

原作は武論尊《ぶろんそん》の原案、平松伸二の作画で昭和五十年（一九七五）から約四年間、『週刊少年ジャンプ』に連載された。主人公は凶悪犯専門の警視庁特別犯罪課に所属する加納錠治という刑事で、マグナム44を携えて犯人射殺も厭わず、難事件を解決してゆく。ただし、映画が原作から踏襲したのは、マグナム44という設定くらい。原作では強い正義感の持ち主で、典型的なヒーロー。そこが気に入らないと、深作は言う。

「こっちはちょっとね。何しろダーティーなところに首を突っ込んで六、七年は経ってるんですから」(『映画監督 深作欣二』)

そして、キャラクターも設定も変えてしまう。オートバイのハーレーに颯爽と乗る加納が、映画ではなぜか豚を連れて東京の街を歩く。あるいは豚を連れてストリップを見に行き、踊り子に気に入られて舞台に上がってゆく。原作のファンは、さぞ困惑したことだろう。

沖縄の石垣島から上京して来た刑事の加納(千葉真一)が、大久保で起こった女性殺人放火事件の謎を追ううち、大都会、芸能界の闇の部分へと入り込んでゆく物語。歌手の春風美樹(ジャネット八田)は、実は殺されたとされる加納の幼なじみの夕奈《ゆな》だと分かってくる。加納は美樹を、石垣島に連れて帰ろうとする。強引に美樹を売り出そうとするマネージャーでやくざの英森《ひでもり》(松方弘樹)は裏で数々の犯罪に手を染めてゆく。そのため、暴走族の三迫(岩城晃一)も消されてしまう。すべてを知った加納は英森を射殺。新人賞受賞のステージでライトを浴びて華々しく歌う美樹を見ながら貝殻占いをしていた加納は、「死んでいる……」と、虚しい気持ちで豚を抱き東京から去ってゆく。

本土に出て来て食い物にされてゆく美樹は、沖縄の悲劇の歴史の象徴だ。過去を消すため人まで殺し、それでもしたたかに生きてゆくしかない。

深作は実録やくざ、千葉は空手アクションというマンネリ化しつつあった路線から脱却し、新境地を拓きたかったのだ。深作としては『カミカゼ野郎 真昼の決斗』(昭和四十一年)以来、十一年ぶりの千葉主演作である。四十階建て高層ホテルの外から、窓ガラスを破って室内に飛び込む千葉のアクションには、確かに意気込みが感じられる。松方演じる関西弁のやくざが、実録やくざ映画のテイストそのままなのも、ファンサービスのひとつなのだろう。

加納に惚れるストリッパー役の松田暎子は、前年十月に公開された大島渚監督『愛のコリーダ』で主役の阿部定《あべさだ》を演じた。その松田のストリッパーが、警察に捕らえられる場面があり、「公然わいせつ罪やて。他にたんとすることあるのにな、ほんまに警察も暇やわ」と大声で叫ぶのが、いかにも深作映画らしい反骨精神を感じさせる。当時、日本初のハードコア・ポルノである『愛のコリーダ』の脚本とスチル写真を掲載した書籍が、わいせつ物頒布罪に問われ、大島監督と出版社社長が検挙起訴されていたのだ（昭和五十七年六月の東京高裁で無罪・確定となる）。それ以前にも日活ロマンポルノをめぐり、警視庁が映倫に圧力をかけたり、裁判になったりと、「暴力」と「エロ」をめぐる権力側と映画界のゴタゴタが続いていた。松田の台詞は、大島への応援メッセージのようにも聞こえる。

また、川谷拓三（ストリッパーのヒモ木下秀吉の役）の出演した最後の深作作品でもある。自販機の上に置いてあるコーラに手を延ばす加納に、「無茶したらあかんがな、あんた、知らんのかいな青酸カリ事件……」と注意する。三人の死者を出した「青酸カリコーラ無差別殺人事件」が起こったのは、映画が公開された年の一月から二月にかけてであった。

《コラム②》

◆深作監督の未映画化作品

深作監督作品として企画されるも、映画化されなかった中で最も惜しまれているのは『実録・共産党』だろう。『仁義なき戦い』をヒットさせた東映が、『赤旗』の読者を劇場に動員しようと企画した。笠原和夫・野波静男が執筆した脚本は党幹部の渡辺政之輔の妻丹野セツ（吉永小百合が候補だったという）を主人公に、大正から昭和初期にかけての社会主義運動を描く。しかし、期待する程の集客が難しいと分かるや、東映は手を引く。党公認の歴史と物語にギャップがあったのも、中止の原因のひとつとされる。のち角川春樹が映画化を検討したが、こちらも頓挫した。

昭和五十年代後半、『海燕ジョーの奇跡』『蒲田行進曲』『麻雀放浪記』を松田優作主役で深作が撮る話が持ち上がったが、いずれも実現していない。ようやく『華の乱』（昭和六十三年）で深作映画に出演した優作は、ハリウッド進出を果たした『ブラック・レイン』の次回作として、再び深作映画に出演するつもりだったという。それは口のきけないやくざ役で、親分役に渡哲也を考えていたらしい（宮崎克他『松田優作物語・ハリウッド飛躍編』平成十六年）。だが間もなく、優作は他界してしまった。

松竹で『蒲田行進曲』の後に企画されたと見られる『幕末行進曲』という喜劇っぽい時代劇がある。高杉晋作・花魁篝大夫・被差別民の仙次が主人公。芦澤俊郎・田中康義による脚本も出来ていた。あるいは晩年には現代の福田和子と明治の高橋お伝という二人の毒婦を交差させて描く、『愛の狂詩曲』を考えていたが（高田宏治と共同脚本）、阪本順治監督が福田の映画化を進めており、そちらが優れていると悟るや、諦めている。

第四章　最後の闘い

―『柳生一族の陰謀』から『バトル・ロワイアルⅡ』まで―

日本の映画興行界で、邦洋の配給比率が逆転したのが昭和五十年（一九七五）のこと。ハリウッドの一斉拡大興行スタイルはとどまるところを知らない。その波は日本映画にも及び、デビュー以来プログラムピクチャーを撮り続けて来た深作欣二も、大作映画の監督へと方向転換を余儀なくされる。日本経済は安定成長を続け、バブル経済と呼ばれる空前の好景気の中、「昭和」が終わり「平成」がスタートした。たが、バブル経済が崩壊するや、多くの企業の収益は悪化、金融機関などは経営破綻して、大量の失業者を出す。迷走する日本は、どこにたどり着くのか予測不能となるも、時代と切り結んで来た深作監督は「最後の闘い」に挑んでゆく。

43

柳生一族の陰謀

公開／昭和五十三年一月二十一日　上映時間／一三〇分　東映京都作品
企画／高岩淡　三村敬三　日下部五朗　松平乗道　脚本／野上龍雄　松田寛夫　深作欣二　撮影／中島徹　音楽／津島利章
出演者／萬屋錦之介　松方弘樹　千葉真一　丹波哲郎　西郷輝彦　三船敏郎　他

前作『ドーベルマン刑事』（昭和五十二年）で、深作監督のプログラムピクチャーの歴史に終止符が打たれた。洋画につづき邦画も、大作一本立て興行が主流になりつつあった。前年に公開された角川春樹事務所の第一作、市川崑監督『犬神家の一族』が、その流れを決定したとされる。四十代後半の働き盛りである深作としても、岐路に立たされることになった。

深作監督初の時代劇映画、しかも二時間を越す超大作である『柳生一族の陰謀』は、徳川の三代将軍の座をめぐる御家騒動に、柳生一族が暗躍する物語だ。

政権のトップを決める争いが幕府の上層部はもちろんだが、どさくさ紛れで政権を奪おうとするクセ者だらけの朝廷（なにしろ公家の一人を演じるのは金子信雄）、さまざまな願望、野心を持つ浪人や忍者、庶民層にまで波及してゆく。このゴッタ煮の群像劇を脚本や演出が複雑になることなく、わかりやすく見事に捌いていることに、まずは驚かされる。

二代将軍秀忠が急逝し（実は家光派による毒殺）、世子の家光（松方弘樹）とその弟忠長《ただなが》（西郷輝彦）の骨肉の争いが始まった。家光派は側近松平伊豆守《いずのかみ》（高橋悦史）や乳母の春日局《かすがのつぼね》

（中原早苗）、そして剣術師範の柳生但馬守宗矩《やぎゅうたじまのかみむねのり》（萬屋錦之介《よろずやきんのすけ》）が息子の十兵衛（千葉真一）らを指揮して裏で陰謀をめぐらせる。一方の忠長派は生母の崇源院《すうげんいん》（山田五十鈴）や元老中の土井大炊頭《おおいのかみ》（芦田伸介）が中心となり、将軍家指南役の座を狙う小笠原玄心斎（丹波哲郎）らを傘下に加えた。

但馬守は息子の左門（矢吹二朗）や娘の茜（志穂美悦子）を失いながらも、政敵を消し去り、朝廷をも圧し、ついに家光を将軍の座に据えてしまう。政争に敗れた忠長は切腹を命じられ、忠長を慕う出雲の阿国《おくに》（大原麗子）は自決して果てた。ところが裏側を知る根来衆《ねごろしゅう》を、但馬守が証拠隠滅のために皆殺しにしたことから、十兵衛の怒りが爆発。十兵衛は家光を殺し、

「こんな物のために、あなたはいや、俺たちは大勢の人たちを殺して来たのか」

と、その首級を但馬守に突き付ける。衝撃のあまり、半狂乱になった但馬守が家光の首を抱えて「夢じゃ、夢じゃ」と絶叫し、つづくナレーションで映画は幕を下ろす。

「それは悪夢だったのだろうか。但馬守の言葉どおり、徳川の天下は以後三百年の安泰を誇り、数々の歴史にも、家光の首が落ちたという記録はない。しかしこうした支配者への反逆は、もともと歴史には記録されないことが多いのである。事実これに似た悪夢は、その後もしばしば現れて、支配者たちの心胆を寒からしめたのであった」

この、最後の部分に深作の歴史観が凝縮されている。日本の歴史に材を得た超大作を任され

た深作が選んだ道は、美しく勇ましい司馬遼太郎ばりの英雄物語でも、テレビを席巻していた勧善懲悪劇でもない。権力者が編んで来た「歴史」に対する、強烈なアンチテーゼだった。

十五歳で敗戦を迎え、日本じゅうの価値観が一八〇度ひっくり返ったのを目の当たりにした深作にとって、権力や政治は必ずしも信頼出来るものではない。だが、それは深作だけの特性ではなかった。たとえば同年の秋に公開された角川映画の第三作、佐藤純彌監督『野性の証明』なども高倉健ふんする除隊した自衛隊の特殊工作員を、国家権力が口封じのために追い回して殺そうとする話だ。そうした映画が娯楽作として超メジャーな場所でつくられ、公開されていたのが昭和五十年代である。戦中派、闇市派と呼ばれた世代が社会の第一線に立っており、反骨精神を社会が受け入れる土壌が十分にあったのだ。

この作品は「時代劇復興」という、東映が掲げたお題目のもとにつくられた。敗戦により日本を占領したGHQは、封建思想につながるとの理由から時代劇を禁止する。だが昭和二十六年に占領が解かれるや、邦画各社は堰を切ったように時代劇を量産した。特に東映は時代劇がメーンとなり、娯楽性に富む、勧善懲悪調のチャンバラ活劇がつぎつぎと誕生。それでも十年余りも続くと、さすがに観客は飽きはじめる。

そこで昭和三十年代後半からリアリズムを売りにした、政治性の強いストーリーの時代劇がつくられた。工藤栄一監督『十三人の刺客』(昭和三十八年)や長谷川安人《やすと》監督『十七人の忍者』（同前）などが代表作で、いわゆる「集団抗争時代劇」などと呼ばれる。ただ、殺伐とした雰囲気の作品が多く、数年で観客が離れてゆく。そして昭和四十一年の五社英雄《ごしゃひでお》監督『丹下《たんげ》左膳《さぜん》　飛燕居合斬り《ひえんいあいぎり》』、加藤泰『沓掛時次郎《くつかけときじろう》　遊侠一匹』あたりを最後に、本格的な時代劇は東映のスクリーンから消え、時代劇はテレビへと移ってゆく。

かわりに東映の主流となったのが、任侠映画である。その歴史も時代劇の場合とよく似ており、十年ほどで美談調の任侠映画は飽きられてしまう。つづいて深作監督『仁義なき戦い』（昭和四十八年）を機にリアリズムが求められ、実録路線が生まれたものの、数年で衰退してしまった。大衆とは十年夢を見て、数年現実を味わい、そして飽きるものらしい。

東映は実録路線に変わるものとして、再び時代劇に期待する。東映京都の時代劇オープンセットの一部を活用した「東映太秦《うずまさ》映画村」が昭和五十年十一月にオープンし、観光客に受けて大ヒットしたことも追い風になったようだ。ただ、『柳生一族の陰謀』に決まったことについては、諸説ある。後年、深作が語るところによると、次のようになる。

「『仁義なき戦い』をそのまま持って来て時代劇にするほうが可能性があるじゃないか、と言ったら、日下部《くさかべ》五朗プロデューサーが食いついてきたんですな。企画部長としての発言だったと思いますが、岡田茂社長に伝えたら、社長も高岩淡《たかいわたん》所長も、時代劇復興というのは大変にいいことだと」（『映画監督　深作欣二』）

じっさい、出来上がった作品も『仁義なき戦い』を強く意識したような、どこの集団、組織でも起こりうるドラマになっている。ただ、登場人物ひとりひとりの内面的な掘り下げは、甘い。時代劇である分戯画化しやすいのか、面白いキャラクターは出て来る。特に、白塗りでなよなよした言葉を使うくせに、やたらと剣術が強い公家の烏丸《からすま》少将文麿（成田三樹夫）などは印象に残る。

最初に脚本が出来、つづいて岡田社長の意向で主演の但馬守役に萬屋錦之介が決まったのだと、深作は言う。周知のとおり萬屋錦之介は、かつて中村錦之助の名で東映時代劇の黄金期を支え続けた看板スターだ。十余年ぶりに古巣である東映の京都撮影所の門を潜ると、古くからのスタッフが次々と「おかえりなさい」と声をかけ、錦之介を感激させた。

老獪《ろうかい》な初老の但馬守は、撮影当時四十五歳（昭和七年十一月二十日生）の錦之介にとって、老け役である。しかもそれまでの錦之介の陽性のイメージとは、ずい分異なる。無表情で陰気な雰囲気を漂わせ、得意の殺陣を見せるチャンバラシーンも二か所しかない。

この作品でまず驚かされるのは、錦之介の台詞まわしだ。『仁義なき戦い』の時代劇版を目指す深作の意向に逆らうように、時代がかった舞台調に徹している。さすがに深作も「錦之介さん、もうちょっと現代劇のほうに近づけるやり方はないでしょうかね」と注文をつけたら、錦之介は「私はこれでやらしていただきます。ほかの方のことは知りません」と言うので、任せるしかなかったのだという(『映画監督 深作欣二』)。

かつて片岡千恵蔵らが君臨していた東映で、若手だった錦之介は新しいこころみにチャレンジする俳優だった。たとえば加藤泰監督『風と女と旅鴉』(昭和三十三年)ではノーメークで、同『真田風雲録』(昭和三十八年)ではミュージカル調で演じて話題になったこともある。ところが、自分が一番の「重鎮」となってしまった『柳生一族の陰謀』では、かつての時代劇の伝統を絶対に崩さないといった態度に徹した。深作は手を焼いたようだが、それが意外と面白い効果を生んでいる。

私が松方弘樹から深作監督の話を聞かせてもらったさい、かれが最も熱っぽく語ってくれたのは、『柳生一族の陰謀』についてであった。ラストの錦之介の「夢じゃ！　夢じゃ！　夢でござ〜る」という大見栄を切るような台詞まわしに、深作はオーケーを出さなかった。ところがその後、何度繰り返しても錦之介は「夢じゃ、夢じゃ、夢でござる……」とぼそぼそと棒読み同然で繰り返すだけ。とうとう深作が根負けして、最初のテイクを使ったという。「だって俺、スタジオで見てたもん」と松方は身振り手振りを交えながら、錦之介の演技を説明してくれた。あるいは自身の家光役でも、「もっと顔のアザを大きくしようとか、どもりをひどくしようとか言うと、監督は『それ、おもしろい！』って、何でも聞いてくれた」と語っていた。

44

宇宙からのメッセージ

公開／昭和五十三年四月二十九日　上映時間／一〇五分　東映京都＝東北新社作品
製作／植村伴次郎　渡邊亮徳　高岩淡　平山亨　岡田裕介　サイモン・ツェー　杉本直幸　伊藤彰将
原案／石ノ森章太郎　野田昌宏　深作欣二　松田寛夫　脚本／松田寛夫　撮影／中島徹　音楽／森岡賢一郎
出演者／真田広之　フィリップ・カズノフ　ペギー・リー・ブレナン　岡部正純　成田三樹夫　他

『ゴッドファーザー』というハリウッドからの「外圧」により、『仁義なき戦い』が誕生した。次はジョージ・ルーカス監督『スター・ウォーズ』というSF映画の「外圧」が押し寄せて来る。アメリカ公開は一九七七年五月二十五日のこと。日本でもSFブームが起こり、『スター・ウォーズ』の公開は翌年の昭和五十三年（一九七八）夏と決まる。アメリカ公開から一年余りの時間差があったのだ。その隙を縫うように、パクリのような邦画が生まれる。まず、特撮が十八番の東宝が昭和五十二年十二月十七日、福田純監督『惑星大戦争』を封切った。

商魂逞しい東映も、こんなチャンスを見逃すはずはない。『柳生一族の陰謀』が完成していないのに、深作監督に次はSF映画をつくれと言い出す。それからアメリカに『スター・ウォーズ』を観に行って撮ったのが、のちに〝竹槍SF〟と揶揄される『宇宙からのメッセージ』だ。昭和五十三年四月二十九日封切りで、『スター・ウォーズ』日本公開の二カ月前だった。

物語のベースとなっているのは『南総里見八犬伝』だ。宇宙の侵略者ガバナス人の要塞と化した惑星ジルーシアに平和を取り戻すべく、八つの「リアベの実」により勇者が集まって来る。宇宙暴走族のシロー(真田広之)やアロン(フィリップ・カズノフ)、ブルジョアお嬢(ペギー・リー・ブレナン)、チンピラのジャック(岡部正純)、そして酔いどれ退役軍人のゼネラル(ビック・モロー)など。戦いのすえ、ジルーシアごと大要塞が粉砕されて終わり。

特撮シーンは矢島信男が担当し、当時世界で二台しかなかったシュノーケルカメラを使い、狭い空間でも撮影している。矢島との打ち合わせのさい深作監督は「この映画は特撮シーンも、手持ちキャメラで撮ってほしい!」と言ったというが、本当だとすれば笑える(白井佳夫『宇宙からのメッセージ』の見どころ」同作プログラム)。

何だかんだ言っても「お子様映画」で、正直なところ『仁義なき戦い』『柳生一族の陰謀』という映画史に残る名作を撮った監督が引き受ける仕事とは思えない。後年、山根貞男に「普通、面子《めんつ》に関わると思うんじゃないんですか」と問われた深作は、「いや、全然(笑)」と、あっけらかんと答えている(『映画監督 深作欣二』)。深作は終生巨匠ぶらなかったと言われるが、その通りだったのだろう。新ジャンルに対して貪欲だったことも、うかがえる。

そんな映画魂に付き合うかのごとく、丹波哲郎・千葉真一・成田三樹夫・三谷昇ら深作組常連のベテラン俳優が、真剣に演じているのは感動的だ。特に『柳生一族の陰謀』で白塗りの公家を怪演した成田が一転、顔じゅう銀色に塗ったガバナスの皇帝を演じているのが凄い。

45

赤穂城断絶

公開／昭和五十三年十月二十八日　上映時間／一四〇分　東映京都作品
企画／高岩淡　日下部五朗　本田達男　三村敬三　原作・脚本／高田宏治　撮影／宮島義勇　仲沢半次郎　音楽／津島利章
出演者／萬屋錦之介　金子信雄　西郷輝彦　千葉真一　峰岸徹　渡瀬恒彦　他

時代劇復興を謳った『柳生一族の陰謀』は、大ヒットした。東映としては第二弾として正統派である「忠臣蔵」をやろうと言い出して、またも深作欣二に監督を依頼する。

赤穂浪士の仇討ちを描く「忠臣蔵」は、かつて日本映画の黄金時代、各社が競うようにつくったオールスターキャストの定番だ。しかし昭和三十七年（一九六二）の東宝版、稲垣浩監督「忠臣蔵」を最後に十数年もの間、つくられていなかった（それだけ邦画界が衰退していたのだ）。東映は本作『赤穂城断絶』が、史上二十五作目の忠臣蔵映画になると宣伝している。

深作は古典としての「忠臣蔵」ではなく、『柳生一族の陰謀』のノリで撮ろうとした。一説では金子信雄を大石内蔵助《おおいしくらのすけ》、萬屋錦之介を吉良上野介《きらこうずけのすけ》の配役で考えていたともいう（実際は錦之介が大石、吉良が金子）。ところが、時代劇の伝統を死守しようとする錦之介が承知しない。正統でやるのだと言って、譲らない。

『柳生一族の陰謀』はそうした深作と錦之介のギャップが相乗効果を生み面白かったが、『赤穂城断絶』は徹底して裏目に出たようである。脚本の段階から衝突し、撮影現場でも衝突が繰り返された。とうとう深作が信用出来ないからと、錦之介は撮影に宮島義勇《みやじまよしお》を連れて来る。宮島は小林正樹《まさき》『切腹』（昭和三十七年）や内田吐夢《とむ》監督『飢餓海峡』（昭和四十年）などで知られた名匠だ。撮影中の共同会見で、「キャメラマンに宮島義勇さんを希望されたのは錦之介さんですか？」と問われた錦之介は、

「そうなんです。宮島さんのキャメラが好きでね。『切腹』とか『怪談』などはキャメラが好きで何度も見たくらいなんです。ご一緒に仕事をしたことはないんですが」

と答えている。つづいて「深作監督の作品は？」と問われるや、

「見たことないんです」

と、きっぱり。実に冷たい（シネ・狂巣《くるす》編『シネマにっぽん　創刊号』昭和五十三年）。

同じ会見で錦之介は、次のような発言もする。

「忠・義ということが今の若い方にわからないのじゃないかと危惧されていますが、そうでもないでしょう。だから、いつの時代も……」

要するに錦之介は、若者にも忠義の美徳を説く、昔ながらの「忠臣蔵」にしたいのだ。

だが、戦時中に忠君愛国の教材として「忠臣蔵」を叩き込まれた世代の深作にとり、そんな「忠臣蔵」は何の魅力も感じられなかった。深作が「忠臣蔵」で訴えたかったことは、プログラムに掲載された「演出意図」に次のようにはっきりと書かれている。

「彼ら（赤穂浪士）を戦いに駆りたてたものは何か？　亡君への忠義か？　それもあろうが、私には、もっとやむにやまれぬ人間としての意地（誇りといってもよい）ゆえの戦いだったと思う。一家中を苦界につき落とした当の敵がそこにいるのに、一矢むくいずに尻尾を巻いたとあっては、末代子々孫々まで顔むけならない」

深作は赤穂浪士が吉良を討ったのは「忠義」よりも、「人間としての意地」からだという。さらに「人間らしくありたいと願う意地を、しばしばねじ伏せようとする現実との戦いの歴史」があり「そして不幸なことに、その多くは、敗北と屈辱の記録で満たされている」から、民衆は「意地を貫ぬく戦いのロマン」を赤穂浪士の物語に見、共感するのだと述べる。これでは「忠義」の美談にしたい錦之介と、根本の部分で噛み合うわけがない。

そして完成した映画は、なんとも中途半端な印象は拭えない。だが、注意すると深作のメッセージが随所に見えて来る。まず、冒頭の次のナレーションだ。

「……五代将軍綱吉の独裁のもとに、徳川幕府の威勢は空前の伸長を遂げていた。この時期に取り潰された大小名の数は四十八家にのぼり、三万余人の武士が路頭に迷ったが、反抗を企てた者天下にただの一人もなし、という有様であった。そして天皇家の勅使を迎え、将軍の奉答《ほうとう》の儀が行われるこの日、元禄十四年三月十四日」

ここでは、強大な権力に対して萎縮《いしゅく》し切った社会だったことが語られる。そしてオープニングが終わるやいきなり、江戸城松の廊下で赤穂藩主浅野内匠頭《あさのたくみのかみ》（西郷輝彦）が高家《こうけ》筆頭の吉良上野介（金子信雄）に対し、刃傷におよぶ。吉良に嫌みをちょっと言われただけで、浅野は「この間からの遺恨、覚えたかッ！」と刀を抜き、斬りつける。『仁義なき戦い』ばりの、手持ちカメラでアクションを追う。

では、すべてを捨ててまで浅野が晴らさねばならなかった「この間からの遺恨」とは何だったのか。その答は、最後まで明かされない。浅野は吟味でも黙秘を続け、話そうとはしない。こうして将軍の裁決がさっさと下り、浅野は即日切腹、負傷した吉良はお咎《とが》め無しとなる。

こんな唐突なスタートをする「忠臣蔵」は、異例中の異例だろう。大抵の場合は、吉良が浅野をネチネチと苛め続けるという前段がある。浅野は我慢に我慢を重ねるが、ついに堪忍袋の緒が切れて、刃傷におよぶ。史実の話をすると、刃傷のさい、確かに浅野は「この間からの遺恨」と叫んだようだが、遺恨の内容を説明する「史料」は存在しない。だから事件当時から本当の理由は、吉良ですら知っていたか不明であり、現在もって「謎」なのである。従来の「忠臣蔵」では、その「謎」の部分をフィクションで埋めて、浅野は善、吉良は悪の図式で描いて来た。でも、本作では史実どおり、「謎」を「謎」として描く。

そうなると史実では、家老の大石内蔵助はじめ赤穂浪士は、主君が事件を起こした真の理由を知らぬまま、吉良邸に討入ったことになる。おそらく深作や脚本の高田宏治は、ここに気づいたのだろう。大石はろくな吟味もせぬまま浅野に腹を切らせ、城や領地を奪い、多くの藩士たちを路頭に迷わせた「権力」の傲慢さが許せなかったのであり、刃傷の「謎」など関心が無かったと解釈したのだ。

だから映画の中の大石は、幕府の実力者柳沢吉保《やなぎさわよしやす》(丹波哲郎)から浅野家再興の嘆願が聞き届けられそうだと知らされても、辞退する。吉良の再吟味が行われないうちは、受けるわけにはいかないと言う。幕府は面子《めんつ》があるから、絶対再吟味など行わない。その後、柳沢は吉良側の米沢藩重臣色部図書《いろべずしょ》(芦田伸介)に向かい、こんな台詞を言う。

「春秋の筆法で申せば、内匠頭の仇は吉良ではなく、死を賜った御公儀ということになる。再吟味の請願は、大石がわれわれにつきつけた一の太刀だ、かえす刃は吉良に向かう」

日本人に最も愛された物語とも言われる「忠臣蔵」を楽しむには、いくつかの約束事がある。まず観客は、数々の吉良の仕打ちに堪える浅野に感情移入し、同情しなければならない。だから浅野の死に涙を流し、逆境に立たされながらも、仇を討つ機会を狙う大石らの苦労に共感する。一方ぬくぬくと生き続ける吉良に、徹底的に憎悪を抱く。そしてモヤモヤした感情を、クライマックスの討入りで一気に晴らしてカタルシスに浸る。こうした一連の感情の約束事が一カ所でも崩れてしまったら、「忠臣蔵」は楽しめない。

だから『赤穂城断絶』を従来の約束事をもって観ると、不思議な「忠臣蔵」になってしまう。

深作の意図に早く気づけばよいのだが、それは難しい。徹底して無表情を貫く大石も不気味だ。演出なのか、現場の険悪な空気のせいか分からないが、喜怒哀楽をほとんど表に出さない。

一応、二部構成になっているのだが、元禄十四年三月の刃傷事件による赤穂城下の騒動で一部が終わる。すると突然一年以上も時間が飛んで、二部は翌十五年六月の江戸柳沢邸から始まる。これも、深作側のテーマをより際立たせるための仕掛けだろう。その間の赤穂との涙の別れや、浪士たちの苦労の数々も描かれない。

また、深作の興味や共感は討入りで本懐を遂げる者より、途中で脱落して「不忠」の烙印を押される浪士に向いていたことは明白だ。急進派だった橋本平左衛門（近藤正臣）は、酒色に溺れたすえに妻（原田美枝子）を殺し自分も死ぬ。脱落者を主人公にした、のちの『忠臣蔵外伝　四谷怪談』（平成六年）の原型が見える。

討入りシーンは、さすが深作だけに迫力がある。ただ、それも殺陣の美しさを見せるような討入りではない。特に浪士の不破数右衛門《ふわかずえもん》（千葉真一）と吉良方の小林平八郎（渡瀬恒彦）の一騎打ちは刀を使った「殺し合い」で、延々と続いて両者血だらけになる。脚本ではあっさりと「凄まじい死闘」と書かれている部分だ。結局、不破に負けるというより、小林は一瞬のミスで刀に自身を突き刺して死ぬ。錦之介は、こんな殺陣も理解出来なかったのではないか。

46

仁義なき戦い　総集篇

公開／昭和五十五年四月五日　上映時間／二二四分　東映京都作品
原作／飯干晃一　脚本／笠原和夫　高田宏治　撮影／吉田貞次　音楽／津島利章
出演者／菅原文太　梅宮辰夫　千葉真一　松方弘樹　渡瀬恒彦　金子信雄　他

昭和五十五年（一九八〇）四月五日、『仁義なき戦い』の「総集篇」なる作品が東日本を中心に封切られている。ポスターは鯉の刺青を背負った菅原文太の後ろ姿に「いま、若者に！暴力の噴出〈20年〉を総括する深作タッチ！」の惹句が踊る。「若者に」と言うからには、公開時に観ていない新しい世代に向けてとの意味だろうか。

まんがまつりなどの子供用番組を早期に打ち切る場末の東映直営館で、代わりに上映された映画である。だからなのか、岡田茂『悔いなきわが映画人生』（平成十三年）に収められた「東映（配給）作品」の一覧にも、出て来ない。あるいは客の入りが悪い新作に、途中から併映（オマケ）として上映されたりした。たとえば昭和五十七年十月に封切られた工藤栄一監督『野獣刑事《でか》』も、大阪の一部の劇場では途中から『総集篇』を同時上映していたと記憶する。

内容は第一部から第四部の『頂上作戦』で構成されている。ただし番外篇ともいうべき第二部の『広島死闘篇』は、あまり使われていない。第五部の『完結篇』は、最後のナレーション部分しか採用されていない。上映時間はおよそ半分に短縮されているから、めまぐるしいストーリー展開は仕方がない。クレジットやポスターなどでは深作欣二「監督・編集」となっている。もっとも後年、深作は助監督の土橋亭《どばしとおる》が仕上げを行ったのだと語る。

「で、チーフ助監督をやってくれた土橋亭に『俺はダビングしてる時間がなくて南極へ行っちゃうから、あとは頼むよ』と、つなぎ終わって『復活の日』のロケに行ったから、出来上がりは見ていない。たしか七九年ころの話だと思います」（『映画監督 深作欣二』）

この『総集篇』については、表に出ている資料が極端に少ない。私は『仁義なき戦い』全五部作を一挙上映する「大会」が、新宿を皮切りに各地の東映で行われたことと関係するのではないかと推察する。菅原文太が上半身裸で海に入って刀を振り回す写真（富山治夫撮影）を使った「仁義なき戦い大会」と銘打った、オフィシャルポスターもつくられていた。

私が育った神戸でも昭和五十年代半ばには毎年秋になると、新開地の神戸東映という封切り館で「大会」が行われ、何度か観に行った。だが、休憩時間も含めて九時間以上を要し、一日一回しか興行出来ない。劇場としては、あまり効率のよい商売ではないことは明白だ。

そこで東映は全篇を一日数回上映出来るよう、『総集篇』と名づけた短縮版をつくったのではないか。いずれにせよ、東映にとっては便利なフィルムだったはずだ。

47

復活の日

公開／昭和五十五年六月二十八日　上映時間／一五六分　角川春樹事務所＝ＴＢＳ作品（東宝配給）
製作／角川春樹　原作／小松左京　脚本／高田宏治　グレゴリー・ナップ　深作欣二　撮影／木村大作
音楽／羽田健太郎　テオ・マセロ
出演者／草刈正雄　オリヴィア・ハッセー　チャック・コナーズ　渡瀬恒彦　夏八木勲　緒形拳　他

構想五年、製作期間三年、直接制作費二十四億五千万円という、とにかくスケールの大きな作品である。昭和五十一年（一九七六）十月に『犬神家の一族』をひっ提げて映画界に参入して来た角川書店社長の角川春樹が製作する、いゆわる角川映画の一本。初期の角川映画の集大成と言ってもいい。

角川は公開時三十八歳、実に若い。当時は邦画一本立て超大作が、目白押しだった。黒澤明監督『影武者』や舛田利雄監督『二百三高地』など、ほぼ同時期の作品である。しかし『復活の日』が出色なのは、そこそこのハリウッドスターまで使い、国際的スケールの超大作をつくろうとする、とてつもなく大きな角川の「志」が感じられることだ。いまの日本に、このような三十代の映画人がいるだろうか。膨大な費用を費やし、メディアを駆使して宣伝する角川の姿勢に、当時日本の「文化人」たちは、必ずしも好意的ではなかった。もちろん作品の質、角川のキャラクターもあったのだろうが、結構激しいバッシングを受けていたように記憶する。出版という異業種から参入された映画界としても、面白くなかったのであろう。

その角川が『復活の日』の監督に、なぜ深作を起用したのか。以前から角川と深作は交遊があり、角川は『柳生一族の陰謀』にもチョイ役の公家で出演している。あるいは『季刊映画宝庫・9号』(昭和五十四年)でのインタビューで角川は「僕がこの五年間に金払って見た日本映画っていうとせいぜい五本ぐらいですよ」とし、その中に『仁義なき戦い』を挙げている。そして「金を払って見るか払わないで見るかというのは大きく意味がちがいますからね。つまり払った金だけ楽しもうとする」とも言う。要するに角川は、深作を金を払うに相応しい映画が撮れる監督であると評価していたのだ。一方の深作自身もチャレンジ精神旺盛だから、新しい波をつくろうとする角川に対して偏見が無かったのだろう。

物語は一九八二年二月、東ドイツの細菌研究所から「MM-88」という新種のウイルスが持ち出されるところから始まる。だが、盗んだスパイが乗る小型飛行機は途中、アルプスの山中で墜落し、MM-88の入ったアンプルも砕け散った。

MM-88はマイナス10度Cで自己増殖を始め、0度Cを越えると猛烈な毒性を発揮する。しかもマイナス10度Cの時の二十億倍にも増殖するという恐るべきウイルスで、春から夏にかけて世界中で猛威を奮う。人々は「インフルエンザ」「イタリア風邪」などと呼んだが、実はアメリカのタカ派の軍人が、大統領にも内緒で開発を進めていた細菌兵器であることが分かってくる。

だが、すでに手遅れ。ついに南極の十一カ国、八百六十三人を残して人類は死滅する。南極に残った人々は新たなルールを築き人類の生存を考えるが、わずか八名しかいない女性を、性の対象としてどう扱うかとの討論など、避けて通れない問題が真剣に描かれたりする。

そして、さらなる危機が迫った。南極昭和基地の越冬隊員として加わった地震学者の吉住《よしずみ》（草刈正雄）は地殻変動を調査した結果、アメリカを垂直型大地震が襲うと予測。そうなると自動報復スイッチが作動して、ソ連に向けミサイルが発射される。そして同様のシステムにより、ソ連のミサイルのひとつが、南極のアメリカ基地に向かって来るのだ。

このスイッチを切るため、カーター大佐（ボー・スベンソン）と吉住は、みずから志願してホワイトハウスに向かうが、到着するや地震が起こってしまい核ミサイルが無人の地球上を飛び交って、世界は二度死んだ。そして核によって、ウイルスは死滅する。

南極を発つ直前に開発されたワクチンの効果で生き延びた吉住は、南を目指し歩き続けた。そして数年後、南米大陸の南端に築いた集落で生活する、生き残りの人々のもとに辿り着く。互いに思いを寄せ合っていたノルウェイの女性隊員マリト（オリヴィア・ハッセー）に抱きしめられた吉住は「ライフ……イズ……ビューティフル……」と呟き、エンドロールが流れる。

原作選びについては諸説あり、角川自身は昭和五十四年七月二十五日、帝国ホテルでの製作発表記者会見で、

「この『復活の日』を映画化したいということが角川映画をスタートさせた主要な動機だった」（中川右介『角川映画』平成二十六年）

と言い、深作監督は、

「小説『復活の日』を選んだのは、たしか僕だったような気がしています」

と言う（『映画監督 深作欣二』）。

いずれにせよ『復活の日』としたのは、同じ小松左京原作の『日本沈没』が東宝において映画化され（森谷司郎監督）、昭和四十八年（一九七三）十二月に封切られるや、八百八十万人を動員、配給収入二十億円の大ヒットを記録したことも大きい。ジャンルはSF映画だが、『宇宙からのメッセージ』のような荒唐無稽なファンタジーではない。『復活の日』も『日本沈没』も、実際起こり得る可能性が皆無とは言えない、切実なSFなのだ。細菌兵器、米ソの対立、核ミサイル、そして大地震などに対する危機感を人々が抱いていた時代だったからこそリアリティがあり、アピールするものがあったのだろう。

そして公開から四十年近く経た今日なお、『復活の日』は多くの問題を示唆しているから驚かされる。冒頭、持ち出したMM‐88を無力化するのが不可能だと知ったスパイがクラウゼ博士（ケン・ポーグ）に、「使えぬ兵器ですね」と言う。ところが博士は、

「理性があればだが。歴史が示すように、理性のある人間だけが権力を握るとは限らぬ」

と、不機嫌そうに言い返す。理性よりも感情で動きそうな者が、絶大な権力を握っている現代の国際社会だからこそ、ぞっとする一言だ。

発端はどこにでもいそうなイケイケのアメリカ軍人が、身勝手な愛国心からひそかに進めた細菌開発である。そういう愚かな人間を描きながら、一方で人間の崇高な姿も描いている。

MM―88が蔓延している最中、偶然にも海中を潜行航海して難を逃れたイギリス海軍の潜水艦ネレイド号の一行が、南極に上陸させられ、仲間に迎えられるところは感動的だ。

ウイルスに感染した乗組員を、強引に上陸させようとしていたソ連の潜水艦を見つけ、駆逐したネレイド号のマクラウド艦長（チャック・コナーズ）は、「航海を続けます……どうか元気でやってください。それだけが我々の心の支えですから」と言い、去ろうとする。だが、南極側のリーダーであるコンウェイ提督（ジョージ・ケネディ）が問うてみると、ネレイド号はウイルスに感染していないことが分かってくる。コンウェイは「我々は……君たちを歓迎する」と言い、感激したマクラウドはネレイド号の浮上を指示する。

あるいは南極で極限状態に置かれながらも、大半の人々は極めて理性的だったと描かれている。その後、現実の日本は阪神淡路や東日本の大震災を体験するのだが、無法地帯の中に置かれながらも、多くの老若男女が秩序を守り、互いに助け合ったことなど思い出される。そうして見ると、本作は深作の人間賛歌なのだ。

撮影の木村大作は、森谷司郎監督『八甲田山』（昭和五十二年）ですでに高い評価を受けていた。以前、深作が一話と三話を演出したテレビドラマ『傷だらけの天使』（昭和四十九年）を撮っていた縁で、参加したという。南極に35ミリカメラを持ち込んだ、最初だったとも言われる。昭和五十四年十二月二十四日には関係者が乗っていた客船リンドブラッド号が座礁事故を起こすという、「ニューヨーク・タイムズ」の一面に出るような大アクシデントもあった。

公開時、テレビ番組「全紹介　復活の日」に深作と一緒に出演した木村は、ハリウッド側のスタッフから自分たちが「トリッキー」だと言われたと語る。大勢の群像の中から表情を捉えたい深作は、ひとつの場面の中に十六人もの役のある役者を入れようとする。そのため木村は、ミリ単位で指示を出す。おおざっぱなアメリカ映画に馴れたスタッフたちは、驚いたらしい。また、深作も木村もひたすら日本語で指示を出したので「ウルトラドメスティックチーム」と呼ばれたとも言う（この映像は『復活の日』ＤＶＤボックス特典ディスクに収録されている）

製作費は当初十六億円でスタートした。ところがアラスカ、カナダ、アメリカ、南極など海外ロケに二百日を費やしたことなどでどんどん膨らんだ。潜水艦はチリ海軍から借り、カナダの潜水艦も使った。角川も「乗りかかった船だ。いまさら止めることはできない」となる。途中からは東京放送（ＴＢＳ）の資金協力も仰ぐことになった。

48

青春の門

公開／昭和五十六年一月十五日　上映時間／一四〇分　東映京都作品
監督／深作欣二　蔵原惟繕　企画／高岩淡　日下部五朗　奈村協　脚本／野上龍雄　撮影／仲沢半次郎　中島徹
音楽／山崎ハコ
出演者／菅原文太　松坂慶子　佐藤浩市　杉田かおる　若山富三郎　鶴田浩二　他

東映版の『青春の門』は完成までの事情自体が一篇のドラマのようであり、語り草になっている。

直木賞作家の五木寛之が『青春の門』の連載を『週刊現代』に始めたのは昭和四十四年（一九六九）のこと。九州筑豊《ちくほう》出身の伊吹信介《いぶきしんすけ》を主人公にした大河小説で、いまも断続的に続けられているのだが、昭和五十年には東宝が浦山桐郎監督で第一部にあたる『筑豊篇』を映画化した。つづいて同五十二年には第二部の『自立篇』がつくられたが、興行的にはいまひとつで、出来ばえも五木は気に入らなかったようだ。

そこで五木は第三部『放浪篇』の東映での映画化を望む。東映の岡田茂社長はこれを承諾し、笠原和夫に脚本が予定されたりしたという。第三部『放浪篇』からの映画化ではなく、再び第一部『筑豊篇』から東映版もスタートとなった。もともと五木は主人公の父伊吹重蔵を高倉健、義母タエを藤純子でイメージしていたと言われる。東映は高倉健に出演をオファーするが、断られた。

そして東映版『青春の門』は、昭和五十六年の正月映画第二弾に予定されていた佐木隆三原作の『海燕《うみつばめ》ジョーの奇跡』の企画が流れたことから実現へ向けて、急展開する。沖縄のチンピラやくざがフィリピンに逃避行する『海燕ジョーの奇跡』は、当時アクションスターとして人気が高まっていた松田優作が主演、深作が監督に決まっていた。しかも、すでに劇場では「特報」が上映され、「ジョー、飛びなさい、海がまだ騒がぬうちに」といった惹句まで出来上がっていた（関根忠郎ほか『惹句術　映画のこころ』昭和六十一年）。

優作は『遊戯』シリーズなど、東映セントラルという子会社での主演はあったが、東映本体での主演ははじめてだ。実現すれば、東映の新しい顔になっていたかも知れない。

ところが優作は、松田寛夫が書いた脚本が気に入らないと言い出す。村川透監督『蘇る金狼』（昭和五十四年）などで、自分と何度か組んだ丸山昇一を連れて来ようとする。これがプロデューサーの日下部五朗の逆鱗に触れ、結局深作版『海燕ジョーの奇跡』は流れた。

そこで日下部は野上龍雄に頼んでいた『青春の門』の脚本を急いで脱稿してもらい、あわててクランクインの準備に入る（日下部五朗『シネマの極道』平成二十四年）。

監督は日活出身の蔵原惟繕《くらはらこれよし》が予定されたが、決まっている封切り日までに時間が無いため『海燕ジョーの奇跡』が流れてスケジュールが空いていた深作が共同監督としてかつぎ出され、二班体制になった。

「二班体制の根拠を聞いたら、うまいことに筋立てが硬派と軟派に別れていて、女のほうは蔵さんが撮るから、野郎のほうを僕に撮ってほしいと」

であったと、深作は言う。また、「僕は蔵さんとは、前から親しいというか、彼が大学（日本大学芸術学部）の二年先輩だったので学生時代から顔見知りだった」と、蔵原との関係を語っている（『映画監督 深作欣二』）。

こうして大作にしては異例の一カ月という短期間で『青春の門』は撮影され、封切りにも間に合わせることが出来た。主演の松坂慶子の濡れ場もワイドショーやスポーツ新聞が派手に取り上げたこともあり、そこそこのヒットを飛ばす。

物語の舞台は筑豊の炭鉱町で、終戦前後から十年間近くが描かれる。

伊吹信介（佐藤浩市）の亡き父重蔵（菅原文太）は、伝説的な人物だった。大正七年（一九一八）、ヤマ騒動のさい小倉十二師団から軍隊が出動して鎮圧するや、重蔵はダイナマイトを爆破させて暴れ、検挙される。だが、官憲の厳しい拷問にも屈せず、これにより坑夫仲間の間でリーダー的な存在となってゆく。

重蔵は新興やくざの塙竜《はなわりゅう》五郎《ごろう》（若山富三郎）とカフェの女給タエ（松坂慶子）をめぐって争ったすえに、タエと再婚。タエは信介の義母となった。だが二年後、鉱山の落盤事故で坑内に閉じ込められた朝鮮人坑夫たちを救うため、重蔵は「馬鹿も利口も命はひとつたい」と、突破口を開いてみずからは爆死する。重蔵の最期に感嘆した竜五郎は、遺されたタエと信介の面倒を見た。信介は性への目覚め、幼なじみ織江（杉田かおる）との恋、女性教師旗江（影山仁美）への関心、義母への思い、朝鮮人の金朱烈（渡瀬恒彦）との決別などを経て成長してゆく。義母の死を看取った信介が、バイクのハーレーに跨がり旅立つところでエンドマークが出る。

深作が演出したのは、前半の重蔵や竜五郎のエピソードが中心だろう。ボタ山（石炭を取り出した岩石を捨てて出来た山）でのふたりの決闘シーンや、重蔵ら坑夫が官憲に抵抗するシーンなど、いかにも深作演出らしくて、荒々しく男っぽい。

これが、菅原文太が出演する最後の深作映画になった。また、佐藤浩市の映画デビュー作でもある。

松坂慶子は松竹の看板スターだったから、東映が拝み倒して連れて来たようだ。以後、松坂は深作映画の中で重要な位置を占めてゆくことになる。だが『青春の門』の福岡県でのロケで、多忙な蔵原に対し、わりと時間に余裕があった深作が松坂の相談相手になっているうち、男女の関係になってしまう。当時を知る日下部五朗は、次のように述べる。

「伊吹タエという母でありと女でありという役どころに悩んでいた彼女に、作さんは『タエは学があるわけじゃない、いろんな言葉を知っているわけでもない、タエの哲学は役者が肉体で語るしかないんだよ』などとアドバイスをした。松坂も毎日出ずっぱりではないから、宿に帰っては作さんとそんなやり取りをしていくうち、親しくなったらしい……わたしが、作さんと松坂慶子の仲を知ったのは、映画が出来上がった後だった……監督の残したラーメンを女優が啜ったのを見て、（あっ、これは！）と感づいた。わたしが自分のめざとさを周囲に自慢すると、みんな呆れ顔で『何を今さら言ってるんですか』」（『シネマの極道』）

筑豊は明治維新以後、戦争を繰り返した近代日本の石炭供給地として栄えた。旧国名の筑前・豊前《ぶぜん》の頭文字からとった地域区分の名称で、現在の飯塚市・直方市・田川市がこれに当たる。だが昭和三十年代から四十年代にかけての「エネルギー革命」により、石炭から石油へと移行し、全国的な炭鉱閉山が続く。筑豊もまた衰退し、昭和五十一年八月に鞍手《くらて》郡宮田町の貝塚炭鉱の閉山を最後に、ヤマの灯はすべて消えた。

東宝・東映版ともに『青春の門』が撮影されたころの筑豊には、その面影が辛うじて残っていたようだ。社会の価値観が急変するとともに、筑豊から石炭・炭鉱にまつわるものが意識的に消されてゆく。現在ボタ山は飯塚市の旧住友忠隈《ただくま》坑のひとつが残るのみ。だから東宝・東映版『青春の門』は、いまや貴重な記録映像でもある。

ただ、東映は昭和五十七年の正月第二弾で蔵原監督で『自立篇』をつくったがヒットせず、一年一本のペースで計画されていたシリーズ化は打ち切られてしまった。

49

魔界転生

公開／昭和五十六年六月六日　上映時間／一二二分　東映
製作／角川春樹　企画／角川春樹事務所　原作／山田風太郎　脚本／野上龍雄　石川孝人　深作欣二
撮影／長谷川清　音楽／山本邦山　菅野光亮
出演者／沢田研二　千葉真一　佳那晃子　真田広之　室田日出男　緒形拳　他

いつのことかは定かでないが、多くの映画音楽を書いた作曲家の佐藤勝が、深作監督が東映で黒澤明監督『酔いどれ天使』（昭和二十三年）をリメークしようとしたが、黒澤が許さなかったため実現しなかったと語り残している（『キネマ旬報』平成四年十一月上旬号）。同作品は言うまでもなく戦後間も無い、猥雑なエネルギーに満ちた闇市を舞台にした、酔いどれ医師（志村喬）と若いやくざ（三船敏郎）の物語だ。後年「映画をやろうと思ったのは？」の問いに深作は、

「映画の勉強をしたいと思ったのは高校三年生、黒澤明さんの『酔いどれ天使』を見たあとですかね」（『映画監督　深作欣二』）

と答えているほどだから、黒澤が快諾していれば、深作もあるいは張り切ってリメークに取り組んだかも知れない。

闇市やスラムへのこだわり、ドロップアウトしてゆく者への限りない共感などは、この『酔いどれ天使』が原点のひとつであろう。それに深作の実体験から来る国家や権力に対する不信

感、表向きだけ綺麗になってゆく戦後の繁栄に対する疑義などが加わり、独特の強烈な世界観が生まれたのだ。

だが、昭和五十年代後半の深作は、それまで築き上げて来たものから、脱却しようと試みていたという。そのため深作映画から、時代と切り結ぶ姿勢は乏しくなってしまう。戦後三十数年が経ち、かつて深作が描いて来た物騒な映画を会社も観客も好まなくなったのもその理由の一端だろう。深作自身は後年、次のように語っている。

「そうですね。そこにしがみついていることは立ち止まることでしかないわけで、立ち止まることは絶対できない。たとえば『仁義なき戦い』のような企画に胡座をかくことはできないんだと。離れなければしょうがない。じゃあ、どう離れるのかということが、テーマというか、いちばんしんどいとこだったたですからね」(前掲書)

こうして「面白半分であれ何であれ、離れようと」考えた末に、『魔界転生』が誕生した。原作は山田風太郎の伝奇時代小説。その企画は深作側から切り出したと、本人は語る。

「『復活の日』を撮り終わってキャンペーンで春樹氏と一緒に回ったとき、時代劇をやりたい、山田風太郎のすごく面白い小説がある、と僕が話を持ち出したんです」(前掲書)

この提案に角川春樹が乗り、東映が角川を外部プロデューサーとして招く形でつくったと言う。ただ、別の説では角川春樹がフジテレビの社員でもあり、映画監督でもあった五社英雄に依頼したともいう。しかし五社は昭和五十五年七月、拳銃所持の銃刀法違反容疑で逮捕され（罰金刑で済んだ）、フジテレビも依願退職したため『魔界転生』も降板し、深作が引き継いだという。どうもこちらが真相らしい。

ただ、物語はいかにも深作好みで、寛永十五年（一六三八）、幕府のキリスト教弾圧に端を発した「島原の乱」により殺された二万人の信者の総帥天草四郎時貞（沢田研二）が転生するところから始まる。四郎は殺された信者たちの生首を前に、神への信仰を捨てて復讐の道を突き進むことを誓う。

「だがわたしはもはや天国の扉を叩こうとは思わぬ……わたしはおぬしたちと別れる……神も聞け！　今こそわたしはあなたを捨てる！」

それから四郎は、夫に裏切られて無念の死を遂げた細川ガラシャ夫人（佳那晃子《かなあきこ》）をはじめ、宮本武蔵（緒形拳）・伊賀の霧丸（真田広之）・宝蔵院胤舜《ほうぞういんいんしゅん》（室田日出男）・柳生但馬守《やぎゅうたじまのかみ》（若山富三郎）など、この世で果たせなかった願望や恨みを抱えて死んでいった者たちを転生させてゆく。それは霧丸のように身内を幕府から惨殺された者もいれば、武蔵や胤舜のように、道を究めるあまり未練を残すことになった者もいる。

あるいは但馬守の未練は、もっと複雑だ。幕府側の但馬守は魔界衆となった胤舜を倒すが、武蔵に斬られてしまう。ところが但馬守には、息子の柳生十兵衛（千葉真一）と剣を交えたかったという、ひそかな願いがあった。それを知った四郎は、但馬守を転生させる。

こうして魔界衆は、幕府を攻撃。ガラシャは四代将軍家綱（松橋登）に接近し、肉欲に溺れさせる。霧丸はお光（菊地優子）と恋に落ちて、四郎に斬られる。十兵衛は武蔵と舟島で決闘して、これを倒す。

つづいて十兵衛は、骨肉を分けた但馬守と戦う。「わが生涯の最良の好敵手じゃ」と息子への嫉妬に狂ってしまった但馬守に、十兵衛は「情けなや」と立ち向かい、激しい斬り合いのすえついに倒し、涙を流す。

最後は十兵衛と四郎の一騎打ちだ。十兵衛は妖刀で四郎の首を斬るが、四郎は、「人間がこの世にある限り、わたしは必ず戻って来る、必ず戻って来るぞ」と、またの復活を誓い消え、エンドロールが出る。但馬守・四郎との戦いは炎に包まれた江戸城の中で繰り広げられる。CGではない本物の炎の圧倒的な迫力は、感動的ですらある。

『赤穂城断絶』（昭和五十三年）で深作は、理不尽で非情な権力に抵抗する「意地」のドラマを描こうとした。『魔界転生』は権力から惨殺されてなお、「意地」を貫こうとする四郎を主人公にする。以後深作は、『里見八犬伝』（昭和五十八年）や『忠臣蔵外伝　四谷怪談』（平成六年）など、死んでも死にきれない者たちを好んで描いてゆく。

50

道頓堀川

公開／昭和五十七年六月十二日　上映時間／一三三分　松竹大船作品
製作／織田明　斎藤守恒　原作／宮本輝　脚本／野上龍雄　深作欣二　撮影／川又昂　音楽／若草恵
出演者／真田広之　松坂慶子　山崎努　佐藤浩市　加賀まりこ　カルーセル麻紀　他

原作は芥川賞作家宮本輝の『泥の河』『螢川』に続く「川三部作」の最終作とされた、『道頓堀川』だ。大学生のころ、三カ月ほど大阪ミナミでバーテンとして働いた宮本輝の経験が、もとになっている。宮本はガラス窓越しに見た、ひとり玉突きする初老の男が忘れられなかったと言う（『キネマ旬報』昭和五十七年六月下旬号）。

はじめ松竹大船は看板女優の松坂慶子主演で、五木寛之原作『朱鷺《とき》の墓』の映画化を進めていた。監督は深作、脚本は野上龍雄に決まっていたが、うまく進まずに頓挫して、代わりに『道頓堀川』の企画が浮かび上がって来たのだという。少し前には男性路線で知られた五社英雄監督が東映京都で『鬼龍院花子の生涯』（昭和五十七年）を撮り、女性の共感を集めてヒットを飛ばすなど、邦画界では女性映画ブームが起こっていた。女性を動員できるか否かが、興行の鍵を握っていたのだ。初めて本格的な女性映画、メロドラマに取り組むことになった深作はプログラムに寄せた「演出にあたって」と題する一文で、

「この数年来、なぜか男と女のメルヘンを撮ってみたいと思っていた。男だけがドラマの主軸

を占め、女の比重が極端に少ない仕事が続いたせいもあるが、何よりも、今まで撮った事のない未知の分野に、敢て鍬を打ち込んでみたかったのだ」

などと述べている。もっとも、この点にかんしては後年「まあ、そんなでも書かないと、書くものがなかったんでしょうなあ（笑）」（『映画監督 深作欣二』）とも述べているが、深作がこの題材を選んだのは、『青春の門』（昭和五十六年）で出会った松坂慶子の存在が大きかったようだ。女優としての松坂を深作は「はっきり言って、うまくはないですよ。ただ存在としての輝きは大変なものです。それはもう、うまい、へたを超越したものでしょう」（『キネマ旬報』昭和五十七年六月下旬号）と評している。

舞台は現代の道頓堀川周辺。物語の主軸となるのは、身寄りの無い画学生の邦彦（真田広之）と年上の小料理屋のママまち子（松坂慶子）との恋だ。これに、多彩な人間模様が絡む。特に、邦彦が住み込みで働く喫茶店リバーのマスター武内鉄男（山崎努）と、ハスラーを夢見るその息子政夫（佐藤浩市）との確執に、深作は最も興味があったようだ。かつて凄腕のハスラーだった武内は、どうしても夢を諦めようとしない政夫と、将来を賭けてビリヤードの勝負をする。

「ええかっ！　これが博打や、汚いも綺麗もあるか、博打は地獄や、博打は地獄やと言うたはずやぞ」と、玉を突きながら武内が政夫をグイグイと追い詰めてゆく場面は、女性映画とは思えないような、異様とも言える迫力だ。深作はこの部分を原作より「オクターブを、ぐーんとあげた」（前掲書）と語っている。

邦彦と政夫は、高校の同級生という設定。深作は、主人公で優等生の邦彦よりも、親や権威に反抗し続ける政夫の方を生き生きと魅力的に描く。最後は邦彦がまち子との同棲を決め、道頓堀川界隈から出てゆこうとする。ところが武内親子の勝負を見届けた邦彦は、街頭でオカマのかおる（カルーセル麻紀）と幇間《ほうかん》の石塚（柄本明）の痴話喧嘩に巻き込まれてしまい、刃物で刺されて死んでしまう。まさに犬死にである。

原作のラストは痴話喧嘩も無ければ、邦彦も死なないから、大幅な改変である。プロデューサーの織田明によれば、深作はどうしてもハッピーエンドで終わらせたくなかったのだという。「死なんとエンドマークが出ない」との強い信念があり、松竹らしからぬ、いささか唐突な結末になってしまった（『道頓堀川』DVD特典映像）。社会の底辺から這い出そうとする優等生に対し、深作は厳し過ぎるほどの現実を突き付ける。一方、なんだかんだ言っても節を曲げなかった政夫は父に認められ、その全財産を譲られることとなる。

道頓堀川
（DVD 発売中　2,800 円＋税
発売・販売元：松竹
© 1982 松竹株式会社）

プログラムに掲載された「大阪ロケ便り」によれば、大阪ロケは昭和五十七年（一九八二）五月十二日から二十一日早朝まで、昼夜兼行のかなりハードなスケジュールで行われた様子がうかがえる。まち子がおかみを務める「梅の木」は、梅田東映裏の小料理屋を使ってロケ初日に撮影された。「店の中では、会社帰りのサラリーマンがほんもののお客で来ていて、そのままエキストラとして上機嫌で出演。『一度松坂サンにお酒のお酌をしてもらいたかった。ほんま夢みたい』とは、なんとも大らかな時代だ。ただし織田プロデューサーはこの場面で松坂が鬱のようになってしまい、撮影が難航したとも語っている（ＤＶＤ特典映像）。

だが、茨城県出身で東映東京で育った深作監督が、関西の空気を描けたかと言うと、これは怪しい。『仁義なき戦い』（昭和四十八年）以降は、ほとんどの作品を東映京都で撮った深作だから、すっかり関西の水に馴染んでいたかと思いきや、「関東の人」による「関西の映画」といった印象が拭えない。関西弁のイントネーションとかは別として、たとえば冒頭近く、朝食時の武内と邦彦の次の会話、「邦ちゃんのいれる珈琲は独特の味やなア。苦いし、濃いけど、ちょっとも舌にもたれへん」「ぼくの人格がそのまま出てるんとちゃう？」「阿呆」。

まともに読めば、武内のほめ言葉に邦彦が天狗になったようなやりとりだ。これを俳優に掛け合い漫才のように演じさせなければならないのだが、言い回しがどうも硬い。関西人特有の会話の微妙な間が、不自然だ。深作と言えど、関西弁を巧みに操るのはまだ難しかったのではないか。

51

蒲田行進曲

公開／昭和五十七年十月九日　上映時間／一〇九分　松竹＝角川春樹事務所作品（松竹配給）
製作／角川春樹　原作・脚本／つかこうへい　撮影／北坂清　音楽／甲斐正人
出演者／風間杜夫　平田満　松坂慶子　原田大二郎　蟹江敬三　清川虹子　他

タイトルの『蒲田行進曲』は、もともと戦前の歌謡曲である。ルドルフ・フリムルの原曲に堀内敬三が歌詞を付け、川崎豊・曽我直子のデュエットで昭和四年（一九二九）に映画の主題歌として流行し、レコードも発売された。東京の蒲田に松竹の撮影所があった頃の話だ。

それから半世紀後、つかこうへいはこのタイトルを付けた戯曲を書き、昭和五十五年（一九八〇）に初演。さらに、つか自身で小説化して直木賞を受賞する。これを角川春樹がプロデューサーとなり、深作欣二を監督に据えて映画化を企画した。原作と脚本はつかである。原作の舞台は京都の撮影所であり、時代は現代、「蒲田」とは直接関係無い。

最初、東映でも映画化の話が起こったが、岡田茂社長の「階段落ちなんて、そんなもん当たるわけがあるまい」の一喝で、潰れたという。角川の場合は最初から松竹での配給を決めていたが、深作は「撮るのは東映京都じゃないと困りますよ」と注文を出す。すると角川は「任せてください。絶対ＯＫさせるから」と東映に乗り込み、配給は松竹、製作協力は東映と京都撮影所という異例の体制をつくりあげてしまった。銀ちゃん役に角川は松田優作を考えていたが、結局断られた（『映画監督 深作欣二』）。

売り出し中の映画スターである銀ちゃん（風間杜夫）が、自分の子供を妊娠している落ち目の女優小夏（松坂慶子）を、大部屋俳優のヤス（平田満）に押し付けるところから物語が始まる。怒った小夏は妊娠中毒で倒れて入院し、ヤスは懸命に看病する。また、ヤスは生まれて来る子供のために危険なスタントの仕事を連日引き受けて、全身傷だらけになってゆく。ヤスの優しさと一途さにふれた小夏は、やがて心を開くようになり、結婚を決める。ヤスの故郷熊本県の人吉を訪ね、母（清川虹子）に挨拶も済ませ、新居に引っ越して式の日取りも決めた。

ところが銀ちゃんは新しい若い恋人の朋子（高見知佳）とも上手くいかず、スターとしての人気もライバルの橘（原田大二郎）に奪われそうで、ひどく落ち込んでしまう。身勝手に復縁を迫る銀ちゃんに、小夏の心は揺らぐ。

「大体おめえみたいな女はなあ、俺に土下座して結婚して下さいって頼むのが筋なんだぞ。しょうがねえ、なっ、動転してるんだよな、こんな色男から突然プロポーズされちゃってよ」

しかし、「後悔するわよ、きっと、でもさようなら」と小夏は銀ちゃんを振り切って、ヤスと結婚式を挙げる。ヤスは銀ちゃんに華を持たせて励まそうと、撮影中の映画『新撰組』でクライマックスの階段落ちを志願する。それは池田屋で銀ちゃん扮する土方歳三に斬られた浪士が十メートル、三十九段もの階段を一度も振り返ることなく転がり落ちるという危険きわまりないシーンで、誰も浪士を演じる者がなく、中止が決まってしまったのだ。ヤスの申し出を受けた監督（蟹江敬三）は、「当たるで、当たるで！　この映画っ」と大喜び。

しかし撮影の日が近づくと、ヤスの精神状態は乱れに乱れて「てめえと銀ちゃんのガキなんか知るかよ」と、小夏に当たり散らす。撮影当日の現場でも、ゴネまくる。ところが見かねた銀ちゃんに殴られると、「銀ちゃん、やっぱりそうでなくっちゃ」とヤスは正気を取り戻し、ついに階段落ちは実行に移される。大ケガを負いながら階段に這いつくばるヤスは「銀ちゃん、カッコいい」とつぶやき、意識を失う。雪の中、小夏は撮影所の門前で倒れるが、銀ちゃんやヤスに見守られる中、可愛い女の子を出産してハッピーエンド。

蒲田行進曲
（DVD 発売中　2,800 円＋税
発売・販売元：松竹
©1982 松竹株式会社）

銀ちゃんとヤスのサドマゾ関係を軸にした、深作監督初の人情喜劇である。「機関銃のように次々と繰り出されるブラックユーモアたっぷりの台詞、俳優たちのオーバーな演技で退屈する暇がない。舞台は関西だが、主役たちは関西便を喋らないから、『道頓堀川』のような不自然さもない。橘を演じた原田大二郎は、現場の思い出を次のように語ってくれた。

「サクさんが『大二郎！　お前、そんなもんじゃないだろう？　もっと行ってみろ？』と指示を出すから、俺は『エーッ？　モット行っていいんですか？』と聞いたんだ。すると『当たり前だよ。もっと行くんだよっ。ヨーイ、スタッアートッ！』って。こんなやり取りがテストのたんびに数回交わされ、自然にテンション、ハイマックス。ついにあの橘が出来上がったのでした」

撮影現場のテンションが最大限に上がっていたことは、映画を観れば一目瞭然だ。階段落ちは、東映の脇役俳優汐路章《しおじあきら》の実話がモデル。どちらのアップが多いとか少ないとかで銀ちゃんと橘が火花を散らすのは、かつての東映時代劇大御所の片岡千恵蔵や市川右太衛門らのエピソードがモデルだろう。それを深作が撮ると、さらなるリアリティが生まれてくる。

深作は大部屋俳優たちひとりひとりの魅力を引き出すことに長けた監督だったから、観ている側も現実と虚構がごちゃまぜになって来るのだ。映画をつくる者たちが、映画をつくることの楽しさを大声で自画自賛しているのが、深作版『蒲田行進曲』最大の魅力だ。

ただし、一番最後に監督の「カット！　オーケー」の掛声がかかると、病室のセットの壁が外れ、出演者が勢揃いしてカーテンコールになって、すべては絵空事でしたとのオチがつく。果たしてこんなオチは必要だったのか。公開時から何度も観ている私は、いまもってモヤモヤさせられる終わり方ではある。何はともあれキネマ旬報の邦画一位（深作は初めて）、日本アカデミー賞作品賞などこの年の各賞を総なめにした。海外にも輸出され、英語吹き替え版がつくられたようで、その予告編がブルーレイの特典映像に入っている。

52 人生劇場

公開／昭和五十八年一月二十九日　上映時間／一三八分　東映京都作品
監督／深作欣二　佐藤純彌　中島貞夫　企画／高岩淡　佐藤雅夫　豊島泉　斎藤一重　高杉修　原作／尾崎士郎
脚本／野上龍雄　深作欣二　佐藤純彌　中島貞夫　撮影／安藤庄平　並木宏之　北坂清　音楽／甲斐正人
出演者／永島敏行　三船敏郎　若山富三郎　松坂慶子　森下愛子　松方弘樹　他

尾崎士郎の自伝的大河小説である『人生劇場』の十四回目（十三回とも）の映画化。原作は昭和八年（一九三三）に「都新聞」に「青春篇」の連載がスタートしたのが始まりで、同三十四年まで「愛欲篇」「残侠篇」「風雲篇」「離愁篇」「夢幻篇」「望郷篇」「蕩子篇」が発表された。当初は野上龍雄が脚本を書き、深作欣二が監督する予定だった。『青春の門』の延長線で出た企画のようだ。だが、原作者の息子は「青春篇」の映画化を、東映サイドはやくざ映画調を望む。双方の主張は食い違い、話が進まなくなってしまう。結局「青春篇」のほか「愛欲篇」「残侠篇」をベースにすることになるが、準備に時間を費やし過ぎてしまった。

こうして深作に兄事《けいじ》する東映出身の佐藤純彌・中島貞夫という二監督が加わり、三班体制で撮影することになった。撮影に使われた脚本にも野上の他、この三監督の名が入っている。

大正のころ、愛知県の三州《さんしゅう》吉良《きら》から上京して早稲田大学に入った青成瓢吉《あおなりひょうきち》（永島敏行）の青春とその後を描く。大正デモクラシーの中での学生運動、お袖（松坂慶子）という料亭の女中との愛欲生活、退学処分、父瓢太郎（三船敏郎）の自殺、お袖との別れ等、いくつものエピソードが目まぐるしく展開してゆく。

瓢吉は文学の道を志すようになり、才媛の小岸照代（森下愛子）に魅せられゆく。応募した懸賞小説で一席が照代、二席が瓢吉となり、これを機にふたりは同棲生活を始める。旧知の侠客吉良常《きらつね》（若山富三郎）は、

「それにしても、どでけえ花火をお上げなさったね」

と喜ぶ。やがて出版社の社長（成田三樹夫）は、ふたりをヨーロッパ大陸へ放浪旅行させようと、企画。社長は瓢吉に、三州吉良という故郷を一度振り切るべきだとも忠告する。

ところが出発前、玉ノ井の娼婦となったお袖に偶然再会した瓢吉は、ショックのあまり出発を断念。お袖は再び姿を消し、照代は「私は大丈夫、一人でやってゆける女だから」と、瓢吉のもとから去ってゆく。残念がる吉良常を前に、瓢吉は言う。

「俺のしたことは、親父は分かってくれると思うよ。やっと一人前の三州吉良の男になったとね」

それでも吉良常は、納得出来ない顔をしながら故郷へと帰ってゆく。その後ろ姿を見送る瓢吉に、内藤やす子が歌う主題歌『こころ乱して運命かえて』が重なり、エンドロールが流れる。

長い原作の見せ場を集めた、ダイジェスト版のような印象だ。ただ、お袖の「私ねえ、食べる時と、あんたとアレしている時が一番幸せ」の台詞に象徴されるように、やたらと濡れ場の多

い『人生劇場』である。

この瓢吉の物語と並行し、横浜の侠客飛車角《ひしゃかく》（松方弘樹）と足抜けした女郎おとよ（中井貴恵）の逃避行が描かれる。飛車角とおとよは東京砂川の小金親分（西村晃）に匿われるが、飛車角は殺人を犯して捕らえられてしまう。おとよは再び売られた横浜で小金一家の宮川（風間杜夫）と再会し、後ろめたさを感じながらも恋に落ちてゆく。この「残侠篇」はかつて沢島忠監督『人生劇場　飛車角』（昭和三十八年）はじめ、何度か東映任侠路線で映画化された。

ちなみに、野上単独で書いた脚本「準備用2」では、瓢吉は再会したお袖を足抜けさせて、二人で手を取り合って逃げてゆく。と同時に、飛車角もやくざと戦って、おとよを足抜けさせる。ともかく二組の男女が一緒になるのを見届け、ハッピーエンド（？）で終わるので、どちらかと言うと救いの無い完成した映画と比べると、後味がずいぶんと違う。

プログラムでは「映画界初の試みとして、その成果が大いに注目されるところだ」などと解説されているが、三班体制の面白味はあまり感じられない。深作が担当したのは、主にお袖の部分らしい。他にも照代が受賞を瓢吉に知らせて走って来る場面を演出する深作監督の姿などが、公開時に放映されたテレビの特番に映っていた。

53

里見八犬伝

公開／昭和五十八年十二月十日　上映時間／一三六分　角川春樹事務所作品（東映配給）
製作／角川春樹　原作／鎌田敏夫　脚本／鎌田敏夫　深作欣二　撮影／仙元誠三　音楽／リッチー・ジトー
出演者／薬師丸ひろ子　真田広之　千葉真一　寺田農　志穂美悦子　夏木マリ　他

角川春樹がプロデューサーを務めた二十六作目、角川映画の正月大作である。江戸時代後期に滝沢馬琴が著した長編読本『南総里見八犬伝《なんそうさとみはっけんでん》』を、脚本家の鎌田敏夫が翻案した小説を原作としている。深作監督には八犬伝SF版の『宇宙からのメッセージ』（昭和五十三年）や『魔界転生』（昭和五十六年）といったファンタジーの系譜があるが、それに連なる。『里見八犬伝』の次は東映で『紅孔雀《べにくじゃく》』をと考えていたようだが、実現しなかった（『映画監督　深作欣二』）。いずれも一見荒唐無稽な物語だが、深作のような昭和一桁世代には冒険ファンタジーに対する強い思い入れがあったと思われる。『柳生一族の陰謀』（昭和五十三年）に登場するやたら剣が強い白塗りの公家（成田三樹夫）のキャラクターにつき深作は、

「あの公家のイメージは子どものころに読んだ姉の『少女倶楽部』の付録がヒントなんです。それっぽい女が男の格好をして王政復古のために活躍するという話で、それがチラチラしていた」（前掲書）

と語っているが、夢見がちな少年のころの読書体験が根底にある、壮大なお遊びなのだ。そ

れは焼け跡、闇市への思いを託した『仁義なき戦い』や『仁義の墓場』とは表裏一体になった世界なのかも知れない。

物語は、南総の里見家に滅ぼされた玉梓《たまずさ》（夏木マリ）と息子の素藤《もとふじ》（目黒祐樹）らが妖怪となり館山《たてやま》城に攻め込み、里見一族を虐殺するところから始まる。唯一生き残った静姫《しずひめ》（薬師丸ひろ子）は城を脱出。百年前、里見の伏姫《ふせひめ》（声・松坂慶子）が死ぬさい放たれたという、八つの霊玉に導かれた犬山道節《いぬやまどうせつ》（千葉真一）・犬江親兵衛《いぬえしんべえ》（真田広之）・犬村大角《いぬむらだいかく》（寺田農）・犬坂毛野《いぬさかけの》（志穂美悦子）・犬塚信乃《いぬづかしの》（京本政樹）・犬飼現八（大葉健二）・犬川荘助（福原時浩）・犬田小文吾（苅谷俊介）ら八剣士が集結し、静姫を護り、戦う。

だが静姫は玉梓らに連れ去られ、館山城で囚われの身となる。「闇の夜に光を取り戻す、最後の戦いになる」と、八剣士は静姫を救うため城に乗り込むが、次々と討死にしてゆく。静姫が玉梓に向けて矢を放つと、城は轟音を立てて崩れる。八剣士のうち唯一生き残った親兵衛は、静姫とともに馬にまたがり走り去ってゆく。

なぜ、昭和五十年代後半に八犬伝のような古典をと問うだけ野暮というものだろう。なんといっても公開当時はアイドルとして人気絶頂だった薬師丸ひろ子と真田広之のファンのためのスター映画なのだ。薬師丸の入浴シーンや真田とのラブシーンなども、話題になった。劇場に詰めかけた多くは十代、二十代の若者たちである。配給収入は二十三億二千万円で、昭和五十九年（一九八四）の日本映画では一位だった。このころ角川映画は公開と同時にビデオテープを発売していたが、これも良く売れたらしい。

角川映画の秘蔵っ子とされた薬師丸につき深作は「ただ、僕はこれ一本しか付き合いがなくて、何だあのダンゴみたいな顔は、どこが人気が出るんだ、と思ってましたけど、やっぱりいいなあと思う瞬間はありました……柔軟な感性の良さですね。角川春樹氏は女の子を引っ張り上げて売るのはうまかったですよね」と語っている（前掲書）。

ＤＶＤに特典として入っている撮影風景には「ヒロコくん」と、水戸弁で呼びかけて演出する深作の姿が映っており、なんだか微笑ましい。また同じ映像のクランクアップのところで深作は「そのうち（撮影したフィルムを）繋いでみてな、あの病院に迎えに行くかもしれんから油断するなよ」と、冗談ぽく薬師丸に話しかける（「油断するなよ」は深作の口癖だった）。薬師丸は三カ月半の撮影中に病気（急性上気炎、続発性虫垂炎）で一時倒れてしまったのだ。

千葉率いるＪＡＣ（ジャパンアクションクラブ）も大活躍して、斬新なアクションを随所で披露する。特撮の矢島信男も、派手に城を破壊する。日本で初めて特殊メーク（仁瓶まゆみ・四塚正広・津田婦美代・竹内美里・伊東優）がクレジット表示された映画とも言われる。プログラムには老婆の顔が引き裂かれる場面や、玉梓や素藤らのミイラの精巧な「ダミー」をつくる説明があるが、こうした部分に光を当てたのも画期的だった。

54

上海バンスキング

公開／昭和五十九年十月六日　上映時間／一二一分　松竹＝西武流通グループ・シネセゾン＝テレビ朝日作品（松竹配給）
製作／織田明　斎藤守恒　原作／斎藤憐　脚本／田中陽造　深作欣二　撮影／丸山恵司　音楽／越部信義
出演者／風間杜夫　松坂慶子　宇崎竜童　志保美悦子　夏八木勲　平田満　他

昭和初期の上海を舞台にした、斎藤憐《れん》の戯曲が原作。舞台版は昭和五十四年（一九七九）、東京のオンシアター自由劇場で初上演され人気を博し、ロングラン公演になり、紀伊国屋演劇賞団体賞・岸田國士戯曲賞などを受賞した。タイトルの「バンスキング」とは「1000円も出せば、家が一軒買える時代に、500円の月給をとりながら、いつも粋がってみては女と遊びに呆けて金に困り、バンス（前借り）キングの異名をとる、そんなジャズマンが当時はいた」（プログラム解説）の意味だ。

それが深作監督で映画化されたのは、本人いわく『蒲田行進曲』のメンバーを総ざらいして続篇みたいなものを何かできないか」という話が松竹で起こり、「たとえば『上海バンスキング』と、はっきり題名が出た」（『映画監督 深作欣二』）からだという。

物語は昭和十一年夏から始まる。マドンナこと資産家の娘まどか（松坂慶子）と結婚したバンドマンの四郎（風間杜夫）がパリに赴く新婚旅行の途中、上海に立ち寄る。四郎はジャズをやめると約束して、まどかの両親に結婚を承諾させていた。だが実は、軍国主義の嵐が吹き荒れ、日々窮屈になってゆく日本を脱し、上海で演奏活動を続けようと企んでいた。そして、友人のバクマツこと松本（宇崎竜童）と恋人リリー（志穂美悦子）のトラブルに巻き込まれる形でまどかと共に上海に滞在することとなり、ともかくジャズマンとしての日々が始まる。

一年後、四郎が「日本にジャズがあるかよ。内地の新聞読んでみろ。2・26以来軍人は威張り散らす、右翼の奴ら日本刀持ってダンスホールに殴り込む。とにかく軍人が威張り出したら世の中おしまいだ」とふて腐れていると日中戦争が始まり、上海でも戦闘が繰り広げられる。そうした中でバクマツの幼なじみで、まどかに思いを寄せる白井中尉（夏八木勲）はソ連国境軍に配属される。嫌気が差した四郎はアメリカに渡ろうとするが、騙されて日本を放浪したあげく、再び上海に帰って来る。

間もなく、日本は太平洋戦争へと突入。四郎は「吹けねえセルマ持っていてもしょうがねいだろ」と、楽器を古道具屋に売って酒代に替えてしまう。「日本へ帰ろうか」というまどかに、プライドが捨てられない四郎は軍に擦り寄ることが出来ず、「日本へ帰ったって、どうしょうもないよ、俺は」と荒れるしかない。敗戦後、召集されていたバクマツは南方から復員する途中、汽車から転落して死ぬ。マドンナへの思いが断ち切れず、上海まで追って来た左翼学生の弘田（平田満）は日本軍のスパイになっていたが、中国軍に殺される。夢破れた四郎は上海でアヘン漬けになり、介護するまどかが自由だった昔の自分たちの姿を思い出すところで終わる。

ブラックユーモアたっぷりの台詞が矢継ぎ早に繰り出され、ひたすら能天気な現代劇『蒲田行進曲』とは違い、『上海バンスキング』は戦争によって若者たちの自由が国家によって踏みにじられてゆく物語である。ただ、田中陽造がひとりで書いた脚本の「第一稿」では、直接的な戦闘シーンなどほとんど出てこない。主人公たちの家の中を、銃弾が飛び交う位だ。

ところが深作が加わり書いた撮影用脚本は「○炸裂する砲火－○火を吐く機関銃－○飛び交う手榴弾－○煉瓦塀一つはさんで応戦する両軍－」となる。そして実際の映画では上海市街戦（第二次上海事変）などを結構本格的に再現しており、そのこだわりに驚かされる。日本兵が現地の女子供を捕らえて銃剣で虐殺する凄まじいシーンも、挿入する。『蒲田行進曲』の「続篇」のつもりで見始めると、雰囲気があまりにも異なるので、重い気分にさせられる。

ただ、登場人物の心の動きが丁寧に描かれているかといえば、この点は実に大味でいただけない。深作らしいアクションで力強く押す演出はよいが、たとえば、急に思想転向する弘田など、あまりに描き方が雑過ぎて理解不能。あるいは軍人の前に出ると卑屈になったり、アヘンに溺れる四郎の弱さをしっかり追わないと、「歴史」の中の「小市民」が見えてこない。

上海バンスキング
（DVD 発売中　2,800 円＋税
発売・販売元：松竹
© 1984 松竹・シネセゾン・テレビ朝日）

55

火宅の人

公開／昭和六十一年四月十二日　上映時間／一三二分　東映京都作品
製作／豊島泉　中山正久　原作／檀一雄　脚本／神波史男　深作欣二　撮影／木村大作　音楽／井上堯之
出演者／緒形拳　いしだあゆみ　原田美枝子　松坂慶子　檀ふみ　真田広之　他

酒と女と旅をこよなく愛し、最後の無頼派作家と呼ばれた檀一雄が二十年にわたって書き続けた長編私小説が原作。檀は単行本が出版された二カ月後の昭和五十一年（一九七六）一月二日、六十三歳で他界したから遺作となった。

深作監督は以前から、この作品の映画化を望んでいたという。このころテレビドラマも映画も女性の観客を意識した不倫モノが流行しており、その流れに乗って実現した企画のようだ。

物語の主人公は作家の桂一雄（緒形拳）、檀本人がモデルである。桂は妻に先立たれた後、ヨリ子（いしだあゆみ）と再婚。ヨリ子は腹違いの一郎をはじめ五人の子供を育てて来た。ところが次男の次郎が日本脳炎を発症したことでヨリ子は宗教に狂いはじめ、桂は旧知の新劇女優の恵子（原田美枝子）と、逃げるようにして恋に落ちる。「恵さんと事を起こしたからね、それだけは言っておきます」と、桂がみずから打ち明けるや、ヨリ子は、「あなたのなさることは、なんでも私わかるんです」と言いながらも、怒って家を出てしまう。

浅草に小さなアパートを借りて、桂と恵子の同棲生活が始まり、ふたりは情事に溺れるような日々を送る。ところが恵子の妊娠、堕胎がきっかけで大喧嘩となり、桂はアパートを飛び出して、旅に出てゆく。そして五島列島行きの船の中で、以前盛り場で暴れて怪我を負ったさい、助けてくれた葉子（松坂慶子）と再会する。

少女のころ養父（山谷初男）に犯されたという暗い過去を持つ葉子にとっては、十年ぶりの帰省だった。それを知った桂は葉子に、人間というものは馬鹿な事をやらかすのだとし、「でも僕は、その馬鹿なところを大事にしたいですね。いろいろな悲しみや苦しみさえ、楽しみながらおめでたく生きていきたい」と優しく諭す。こうして里帰りを終えた葉子を道連れとして、放浪の旅を続ける。だが、葉子は求婚されている華僑《かきょう》と一緒になることを決意して、クリスマスイヴの翌朝、桂のもとから去ってゆく。

東京に戻った桂は、久々に家族とともに正月を過ごす。つづいて浅草のアパートへ行くと、そこには恵子が、新しい恋人と一緒にいた。そこへ、次郎が死んだとの知らせが入る。桂が石神井《しゃくじい》公園で恵子との写真を破り捨てているところへ、ヨリ子と子供たちが通りかかる。「しばらく家にいますから」と言う桂に、ヨリ子はまたもや「あなたのなさることは、なんでも私わかるんです」と返す。それから桂が、「困った、困った、重くて困った」と、まとわりつく子供たち相手にじゃれ合っているところにエンドロールが流れる。

スリリングな男女の恋愛をジメジメと描くような不倫モノとは、明らかに違う。桂という男は、おそらく家族に人並以上の深い愛情を抱いている。しかし、それだけではどうしても魂が満たされない。だから何かを求めて、つねに放浪せざるをえない。かつて、ガス自殺しようとした親友の太宰治（岡田裕介）から、

「君はやっぱり生きる側に立つ人間なんだね。ひでえもんだ。馴染みの女郎に裏切られたような気分だ」

と言われたように、桂は逞しい力で、精一杯生きることを謳歌しようとしている。

それは、ひじょうに身勝手で、矛盾だらけの男側の言い分でもある。ひとつ間違えれば嫌悪感を抱かれかねない。ところが緒形拳の熱演もあって、深作監督はそのあたりの男の性《さが》をむしろ愛すべきものとして、説得力たっぷりに描いており感心させられる。

火災に遭った家のごとく周囲を不幸にしながらも、自らの性を受け入れて、「おめでたく生きていきたい」のであるが、それでいて家族も大好きだから、「重くて困った」なのである。一郎を酒場に連れて行き、飲めない酒を飲ませて「早く大きくなって父の無念を晴らせ」と、これまた勝手なことを言う。

人間の心の機微を描くことに関しては、決して得意ではなかった深作監督だが、この作品がズバ抜けて上手く感じるのは、深作という一人の男が限りなく檀一雄に共鳴していたからだろ

う。私人としての深作もまた、表面に出ているだけでも何人かの女優と浮名を流し、それでいて妻子に強い愛情を注ぎ続け、精一杯生きた「火宅の人」だった。

原作のラストは、子供にまとわりつかれ、家族のもとに帰る映画とは異なっている。桂が最後に行き着いたのは孤独であり、安ホテルの一室で一人になるという、次のようなものだ。

「私は、ゴキブリが這い廻る部屋の中で、ウイスキーを飲み乾しながら、白い稲妻と一緒に酔い痴れの妄想を拡げてみるが、次第にサラサラと自分の身の周りに粉雪でも降り積んでくるような心地になった」

それだけに映画のラストシーンでヨリ子が「あなたのなさることは、なんでも私わかるんです」と言って薄い笑みを浮かべたのが、意味深長で観る者の心をかきむしる。ヨリ子は桂のことをすべてを許したのか、理解したのか、あるいは諦めたのかが謎として残る。

木村大作のカメラも日本列島の四季折々の雄大な風景をとらえており、美しい。

深作監督らしいのは、桂と恵子の狭いアパート内でのケンカのシーンで、まさにアクション映画だ。ところが原田美枝子は目の上から口の横まで十数センチ切るという怪我を負って十日間、治療休養することになる（鈴木隆『俳優　原田美枝子』平成二十三年）。本作はキネマ旬報読者ベストテン一位や日本アカデミー賞最優秀作品賞など、この年の多くの映画賞を受けた。

56

必殺4　恨みはらします

公開／昭和六十二年六月六日　上映時間／一三一分　松竹＝朝日放送作品（松竹配給）
製作／山内久司　櫻井洋三　脚本／野上龍雄　深作欣二　中原朗　撮影／石原興　音楽／平尾昌晃
出演者／藤田まこと　村上弘明　ひかる一平　三田村邦彦　真田広之　千葉真一　他

深作監督はテレビ時代劇『必殺』シリーズの第一弾、大阪の朝日放送がプロデュースした『必殺仕掛人』（昭和四十七～八年）の第一、二、二四話を演出している（全三十三話）。これは藤枝梅安《ふじえだばいあん》（緒形拳）を主人公にした、池波正太郎の原作があった。シリーズ第二弾の『必殺仕置人』（昭和四十八年）は、表は昼行灯《ひるあんどん》の同心、裏では凄腕の仕置人という中村主水《もんど》（藤田まこと）が主人公である。深作は主水のキャラクターづくりに参加し、演出も依頼されたが、『仁義なき戦い』が大ヒットしたせいで映画の仕事がつづき時間がとれず、断ったらしい。以後『必殺』は人気シリーズとして続き、昭和五十九年（一九八四）には映画版もつくられた。

そして『必殺』誕生十五周年を記念し、生みの親の深作が監督した映画版四作目が本作である。深作はプログラムに寄せた「演出ノート」で「今までの好評を裏切らぬよう、同時にまた、新鮮な魅力で観客の方々のご期待にこたえるよう、精いっぱい頑張るつもりです」と述べているが、観客に対する徹底したサービス精神が全編に溢れているような作品だ。

テレビシリーズ二十七弾『必殺仕事人Ｖ・旋風編』（昭和六十一～二年）のレギュラーメン

バーである主水の他、秀（三田村邦彦）・政（村上弘明）・お玉（かとうかずこ）・順之助（ひかる一平）らが登場するが、見せ場は少ない。これはテレビと掛け持ちしていた俳優のスケジュールの関係らしい。深作は後年、

「だからほとんど吹き替えです。暗闇で話をするところは、衣装だけ本人のを着せて、笠を被せておく（笑）。五人がずらっと並んでるのも、全部吹き替え（笑）」（『映画監督 深作欣二』）

と、暴露している。あまり言うと興ざめになってしまうが、注意して見ると最後の主水と奥田右京亮《うきょうのすけ》（真田広之）の一騎打ちの場面も、アップ以外、主水は藤田まことではなく、吹き替えの俳優が扮しているのが分かる。ただしこれは薙刀《なぎなた》を振り回す、真田の激しい立ち回りを、藤田が受けられなかったのかも知れない。

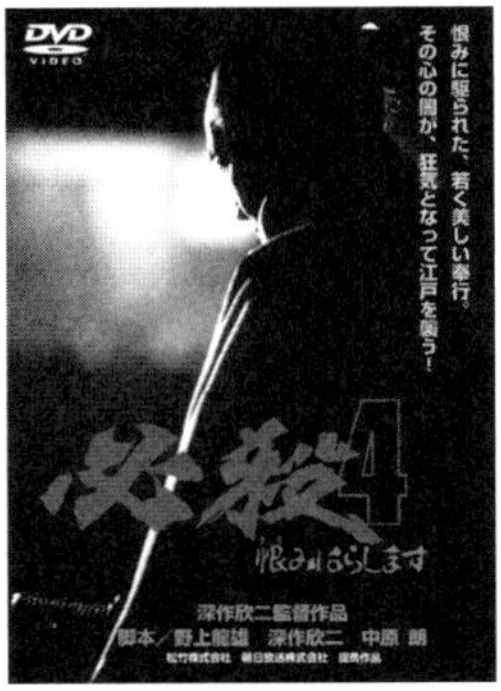

必殺４　恨みはらします
（DVD 発売中　2,800 円＋税
発売・販売元：松竹
© 1984 松竹／朝日放送／松竹京都映画）

おけら長屋で神保主税（堤大二郎）率いる旗本愚連隊が暴れ、住人の弥兵衛（室田日出男）が首の骨を折って死んだ事件から端を発し、幕府上層部の秘密が暴かれてゆく物語。弥兵衛の娘お弓（斉藤絵理）は、仕事人の元締め弁天（岸田今日子）に旗本愚連隊の三人を殺して欲しいと依頼した。これを請け負ったのが、主水と流れ仕事人の文七（千葉真一）である。

ふたりは競って的《まと》を狙うが、南町奉行の奥田右京亮が事件を背後で操っており、老中酒井雅楽頭《うたのかみ》（成田三樹夫）の意向を受け、おけら長屋立ち退きを企んでいることが分かって来る。奥田に指示された旗本愚連隊は再びおけら長屋を襲って殺戮の限りを尽くし、それを機に立ち退きは強行されてしまった。

その跡地は、将軍に辱められて死んだ腰元お菊（小林ひとみ）の菩提寺建立の用地にするつもりだったのだ。将軍は、お菊の怨霊に毎晩悩まされていたが、実は奥田はお菊の実弟だった。奥田はその秘密を打ち明けた後、酒井を毒殺するが、乗り込んで来た主水らに殺される。

歌舞伎を参考にした旗本愚連隊の風貌、不気味な白塗りの奥田と小姓たちと、悪しき権力側に異常なメークをさせているのも興味深い。かれらはすでに、人間ではないのだ。アクションはさすがで、木枯しが吹く中、奥田の手下の九蔵（蟹江敬三）と文七の西部劇風の一騎打ちなど迫力がある。

この年バブル経済に突入した日本では、土地の値段がほぼ倍に値上がりし、悪質な地上げ屋が横行して社会問題化していた。それが、おけら長屋立ち退きのエピソードに重なる。おけら長屋はかつて深作が好んで描いた、発展から取り残されたスラムの江戸時代版かも知れない（撮影は京都の下鴨神社境内にセットを組んだ）。旗本愚連隊の悪行の数々は、古典的名作のマキノ正博（雅弘）監督『浪人街』（昭和三年）へのオマージュだろう。

57

華の乱

公開／昭和六十三年十月一日　上映時間／一三九分　東映京都作品
製作／豊島泉　妹尾啓太　企画／岡田裕介　佐藤雅夫　脚本／深作欣二　筒井ともみ　神波史男　撮影／木村大作
音楽／井上堯之
出演者／吉永小百合　松田優作　緒形拳　風間杜夫　石田えり　松坂慶子　他

大正という時代を歌人の与謝野晶子《よさのあきこ》を中心に描いた文芸ドラマ。公開三カ月後、元号は「平成」となり、くしくも昭和最後の深作映画になった。

『火宅の人』（昭和六十一年）が配給収入十億円の大台に乗ったため、次の企画は吉永小百合主演を前提として、東映の岡田裕介プロデューサー（岡田は役者でもあり、『火宅の人』では太宰治を演じている）からオファーがあったのだと深作監督は語る。与謝野晶子をやりたいというのは、吉永の意向でもあったという（『映画監督　深作欣二』）。

はじめ、原作として永畑道子『夢のかけ橋　晶子と武郎有情』を渡された深作は、与謝野晶子と有島武郎の恋愛を軸に、以前から興味を持っていた大杉栄と伊藤野枝《のえ》、島村抱月と松井須磨子などのドラマも加えてゆく。そのうち、同じ作者の与謝野晶子評伝である『華の乱』も出て、タイトルはこちらを採用することになった。

「女性がほんとうの意味で主役になるというのは、私としてははじめてだったし、女性が重要な役割を担う映画はいままでにもずいぶん撮りましたけれど、実はみんな男性の映画なんです

よね（笑い）。私は男だから、男の側からしか女性像を描いてなかった」（『シネ・フロント・144号』昭和六十三年）

そこで、まずは女性の感覚でとらえて欲しいと、筒井ともみに脚本の第一稿が依頼される。これに深作が、さらに神波史郎が加わって決定稿が出来上った。公開当時、筒井は「十分力が発揮できなかった」（前掲書）と残念がるが、後年この点につき深作は「筒井くんはマイペースの人だから、さっぱりこっちの思うとおり広がってくれないというか、社会ドラマ的広がりは嫌いなんですね、彼女は」（『映画監督　深作欣二』）と、方針に齟齬《そご》が生じたようなことを語っている。だから、大正時代を描くと言っても歴史的な説明はほとんど無い。ひたすら作家たちの恋を追いかけてゆく。

映画は明治三十四年（一九〇一）、人力車に乗った晶子（吉永小百合）が桜満開の夜道を、歌の師匠である与謝野寛（緒形拳）のもとへ向かう、幻想的なシーンから始まる。それから物語は大正十二年（一九二三）まで飛び、三十九歳の晶子は十一人の子持ちになっている。夫の寛は鬱病がひどく、晶子は創作と生活の日々で忙しい。そんな晶子は有島武郎（松田優作）と出会い、家族ぐるみの付き合いをするうち、心をときめかせてゆく。

寛は家を出て、郷里で代議士に立候補するが落選し、かつての恋人だった登美子（中田喜子）と暮らし始める。晶子らと交流のあった女優の松井須磨子（松坂慶子）が、演出家島村抱月（蟹江敬三）の後を追い自殺。有島の家を訪ねた晶子は、そこでアナーキストの大杉栄（風間杜夫）と知り合い、さらに伊藤野枝（石田えり）とも出会う。晶子は「この時の野枝さんの体は甘い乳のにおいに包まれていて、それが私には悲しかった」と思う。

農地解放のため北海道に向かった有島を追いかけて行った晶子は、かれに愛を告げる。そのため東京に帰った晶子は、子供たちから責められる。間もなく、有島は軽井沢の別荘で編集者の秋子（池上季実子）と心中した。有島は秋子と死を約束していたが、生き生きとした晶子と知り合い、惹かれたことで、生と死の間を揺れ動いていたのだという。つづいて登美子の最期を看取った寛が、家に戻って来る。

最後は関東大震災。焼け野原の中に座り込む晶子は、号外で大杉と野枝が虐殺されたことを知り衝撃を受ける。寛も「狂っとる、なにもかも狂っとる」と呟く。その横を、大杉の同志である和田（内藤剛志）らが馬に乗った警察官に引き立てられてゆく。晶子は思わず駆け出して握り飯を差し出し、「生きてください、生きてて」と励ます。これから日本が暗黒の時代へと向かうことを暗示するような終わり方だが、それでも寛は晶子に向かって言う。

「船は沈んでも、国は滅んでも、私たちは生き続けなければね、母さん……」

そして晶子の次の独白があり、エンドロールが流れる。

「こうして大正という時代は幕を閉じ、私の親しい人たちもみな消えていってしまったのです。

でも、その記憶を探し、心に刻みながら、私は生き続ける道を選んだのでした」

史実を大胆に改変した、有名人だらけの群像劇である。深作の思いは大杉と野枝のアナーキストカップルに強く注がれているようだ。関東大震災のところでも、「虐殺された社会主義者及び朝鮮人3、000余人」の字幕が出、屍がいくつも転がっている残忍な場面をわざわざ設けている。

吉永はエッセイ『旅に夢みる』（平成十五年）の中で、この作品の撮影の思い出を述べている。最初、吉永は「疲れた顔をスクリーンに出したくありません。夜十時には必ず撮影を終了させてください」という条件を出したという。ところが初日の桜の花満開の場面の撮影から、あっという間に十時を過ぎてしまう。「ブスッ」とする吉永に、深作はこう言った。

「こんなに楽しいことをしているのに、どうして早く帰りたがるんですか、吉永さん」

そして、終わった後の吉永は充実感に浸りながらも、「五年分くらい疲れて顔のシワも増え、年をとったと感じました」という。もう二度と出たくないと思ったが、年を重ねていくうちに、また、深作の現場で仕事がしたいと思うようになったとも言う。この中毒性については、他の俳優もたびたび話すところだ。だが、深作作品への吉永の出演は、これ一作限りだった。

あるいは深作は、晶子の中に自分の母親のイメージを投影させたと証言している。深作が自分の母親につき語っているのは珍しいので、少し長くなるが引用しておく。

「やっぱり自分のなかで核になっていたのは、十年か二十年、与謝野晶子さんより遅く生まれてますけど、自分の母親像みたいなものに依存したところがずいぶんありますね。私の母親は太平洋戦争という動乱を背景に生きてきただけで、別にドラマチックな生き方もなにもしていない。きわめて平凡なお袋でしたけれど、それでも戦争が人民に与える否応なさを、一家の主婦として引き受けながら、いっしょうけんめいその時代のなかで変貌していきましたからね。一人前に畑仕事が出来るようになり、鶏を飼い豚を飼いというようなことをするようになり、実際に女というものはなかなかやるものだなと、子どものころの一時期、そういうお袋の変化をまのあたりにして感心したことが核にあるわけです」（『シネ・フロント』144号）

『火宅の人』の桂と同じく、深作は晶子を生命力溢れる人間として描きたかったのだ。それは子供を十一人も育てながらダメ亭主の面倒まで見、一家を支える、肝っ玉母さん的なバイタリティーの持ち主なのだが、疲れた顔を嫌がり、夜十時過ぎの撮影を拒む吉永という女優にそれを求めるのには無理がある。いくら「生きる」と台詞を繰り返しても、この点ミスキャストとしか言いようがない。

松田優作も、深作と初顔合わせだ。ふたりは相思相愛の仲で、早くから一緒に仕事をする機会を探っていたが、なかなか実現しなかった。押さえた演技で役に没頭しているのは分かるが、ファンとしてはなんだか物足りない。結局優作も深作とは、これ一作限りだった。

58 いつかギラギラする日

公開／平成四年九月十二日　上映時間／一〇八分　日本テレビ放送網＝バンダイ＝松竹第一興行作品（松竹配給）
製作／奥山和由　脚本／丸山昇一　撮影／浜田毅　音楽／菱田吉美　小川尚子　長谷川智樹
出演者／萩原健一　荻野目慶子　千葉真一　石橋蓮司　多岐川裕美　木村一八　他

『華の乱』の後、松竹のプロデューサーだった奥山和由《かずよし》が、深作監督に現代劇のアクション映画を撮って欲しいと依頼する。それは暴力刑事を主人公にした『その男、凶暴につき』で、脚本は野沢尚《ひさし》、ビートたけしの主演が決まっていた。ところが、諸事情から深作は降板。たけし（北野武）本人が監督、主演し、脚本を大幅に変更して映画は完成し、平成元年八月に封切られる。こうして映画監督北野武が誕生したのだから、何が幸いするか分らない。

当時、神山征二郎監督『ハチ公物語』（昭和六十二年）などのヒット作を生んだ奥山は、昭和二十九年（一九五四）生まれの凄腕若手プロデューサーとして知られ、三十五歳で松竹の取締役に就任していた。かつての角川春樹を彷彿とさせる、時代の寵児的な存在としてマスコミも持ち上げていたが、かれにとっても深作は憧れの監督だったようだ。学生時代、アメリカ映画ばかり観ていた奥山にとり『仁義なき戦い』は「初めて驚愕した日本映画」だったという（『キネマ旬報臨時増刊・映画監督 深作欣二の軌跡』）。

ただ、角川は時流に合った題材を深作に撮らせようとしたが、奥山はアクション映画に固執した。女性映画の全盛期で、深作も一旦は「いま何でアクション映画を」と二の足を踏んだという。それでも丸山昇一が何度も脚本を書き直し、深作は、

「やっぱりあかん。あかんと言うてる間に中年のギャングの話を丸山君がでっちあげてきて、これならいけるかなと。主役はショーケンだ。それでも何か足りないなあ。まあいいや、いちばん最後にパトカーを踏みにじり踏みにじりパトカーの頭の上を飛び越える〝義経八艘飛び〟でいこう（笑）」（『映画監督 深作欣二』）

といった具合に、話が進んだと述べている。

ショーケンこと萩原健一主演のテレビドラマ『傷だらけの天使』の第一と第三話（昭和四十九年）を深作が監督しているが、映画での仕事はない。このあたりの経緯を、萩原も回顧している。順天堂病院に入院中だった萩原を深作が見舞い、五冊の脚本を置いていったのがはじまり。その中で萩原は、大阪釜ヶ崎の労働者の暴動を扱った本が一番面白そうだと思う。ところが奥山らが推したのが、『いつかギラギラする日』だった。

萩原は「こりゃVシネマだね」と、あまり乗り気になれなかったらしい。だが最終的に奥山の意向が

いつかギラギラする日
（DVD 発売中　3,800 円＋税
販売元：バンダイビジュアル）

物を言い、深作が監督を引き受けた。萩原も「尊敬してやまない深作監督」と組める機会は捨て難かったのだろう。深作はこれを七十五日で撮ると大見得を切ったらしいが、じっさいはその二倍以上の時間がかかった（萩原健一『ショーケン』平成二十年）。

神崎（萩原健一）・柴（千葉真一）・井村（石橋蓮司）という中年ギャング三人が、角町（木村一八）と麻衣（荻野目慶子）の若いカップルに翻弄される物語である。

角町はもと警官で、自分のライブハウスを持つために五千万円が必要だった。そこで神崎・柴・井村を巻き込んで、北海道洞爺湖のリゾートホテルの売上金を運ぶ現金輸送車を襲撃する。ところがジュラルミン・ケースを奪ったものの、二億円入っていると予測していたその中には五千万円しか無かった。角町はためらわずに銃で三人を撃ち、五千万円を独占して逃げる。井村は即死、柴は重傷を負い（のち死亡）、かすり傷の神崎が角町を追う。麻衣は柴の愛人だったが、角町と一緒に行動することになる。やくざ（八名信夫）は角町から金を横取りすべく、覚醒剤中毒のヒットマン（原田芳雄）を雇う。さらに警察も巻き込んで、三つ巴の凄まじいカーチェイスが繰り広げられて、麻衣は死に、角町も神崎に刺される。

駆けつけた制服姿の若い警察官に、息絶える寸前の角町が言う、「おまえさ、二十歳《はたち》そこらでそんな格好して恥ずかしくないのか……ロックしろよ、ロック……」の台詞はなかなか良い。神崎はパトカーの大群を飛び越して、四輪駆動の車ごと夜の海に沈む。海面一杯に、札ビラが浮かび上がる。後日神崎と恋人の美里（多岐川裕美）がバスの中から、次なる獲物の銀行を物色するところでおわり。エンディングテーマには、当時十九歳の深作の長男健太が好きだとのことで、萩原がライブで歌った「ラストダンスは私に」が流れる。

映画は期待したほどヒットしなかったようだが、作品の評判はそこそこ高く、同年のキネマ旬報ベストテンでは七位（読者選出では四位）になり、ヨコハマ映画祭では特別大賞を受賞している。平成のご時世に還暦過ぎた監督がアウトローを主役に据え、ここまで派手なアクション映画をつくったことに対する、功労賞のようなものではないか。

確かにアクションに次ぐアクションで楽しめるのだが、人間ドラマの薄っぺらさが難点だろう。物語は深作の旧作『白昼の無頼漢』（昭和三十六年）、『資金源強奪』（昭和五十年）、『暴走パニック　大激突』（昭和五十一年）を併せてリメークしたような感じ。強奪を簡単に成功させ、仲間割れの方に重点を置くのも深作好みである。

ただし旧作と比べると、たとえば大金が必要な理由が角町以外はよくわからない。その角町にしても、暮らしに追われているのではなく、ライブハウスを持つ「夢」のためというから、いまひとつ共感出来ない。あとは井村が事業に失敗して借金を抱えていること、在日コリアンらしいことなどがうかがえるだけ。ブチ切れて銃を乱射する麻衣なども、現代社会の病巣を抱えている感じだが、それが何なのかは判然としない。過去を説明する部分が、極力削られている。以前の深作が描く世界では、暴力にもアクションにも欲望にも、もっと理由があった。

初期の脚本ではタイトルが『THE DAY OF ALMOST HEAVEN』で、舞台は「関東平野の北部、F市街」となっている。そこの銀行駐車場で現金輸送車を襲うという設定。しかし北関東では派手なカーチェイスやアクションは無理だと、舞台は北海道へと変更される。ところが北海道ロケは日数、予算ともにオーバーし、現金輸送車襲撃やラストのパトカー群との戦いのシーンは、結局東京近郊で撮影されたというから皮肉である。

やがてタイトルも、『いつかギラギラする日』になった。そのルーツは『仁義なき戦い』の後、東映が深作監督、笠原和夫脚本でつくろうとした『実録・共産党』にまでさかのぼる。この企画は脚本まで出来上がりながら実現しなかったのだが、映画製作を始めたばかりの角川春樹が興味を持つ。角川は物議を醸し出しそうな「亀戸事件」などを省き、『いつかギラギラする日』と改題し、自分のところで映画化したいと言い出す。これは、何の関係もない河野典生の小説『いつか、ギラギラする日々』からいただいたタイトルだった。だが、角川での企画も流れ、ついに共産党とは直接関係無いアクション映画のタイトルに落ち着いたのだった。

なお、深作はこの撮影現場で荻野目と男女の関係になってしまう。後年、荻野目が書いた告白本『女優の夜』(平成十四年)には、深作との関係が赤裸々に綴られている。

59

忠臣蔵外伝　四谷怪談

公開／平成六年十月二十二日　上映時間／一〇六分　松竹作品
製作／櫻井洋三　脚本／古田求　深作欣二　撮影／石原興　音楽／和田薫
出演者／佐藤浩市　高岡早紀　津川雅彦　荻野目慶子　六平直政　渡瀬恒彦　他

『赤穂城断絶』（昭和五十三年）が不完全燃焼に終わった深作監督が、再び挑んだ忠臣蔵モノ。脚本家の古田求のもとに、ある日深作から電話がかかった。「忠臣蔵をやるんです。映画です。映画で忠臣蔵と四谷怪談を一緒にしたものをやりたいんです」。こうして共同で脚本が書き進められ、決定稿が出来た時、深作は「ぼくは撮影に入るのが億劫だよ」と、こぼしたという。「このイメージがそのまま映像化できるとは思えない」からだ（古田求「シナリオができるまで」『キネマ旬報臨時増刊・忠臣蔵映像の世界』平成六年）。

鶴屋南北『東海道四谷怪談』の初演は、江戸の中村座において文政八年（一八二五）七月、『仮名手本《かなでほん》忠臣蔵』と二本立てだった。本来は「忠義」の四十七士を描く「忠臣蔵」の美談の中に、「不忠」の赤穂浪士をモデルにした「四谷怪談」が突っ込まれていたのだ。表裏一体の物語だったわけで、本家帰りとも評された。だが、ふたつの物語を一本にしたのは、深作が最初であろう。

事件の始まりである、赤穂藩主浅野《あさの》内匠頭《たくみのかみ》（真田広之）が吉良《きら》上野介《こうずけのすけ》（田村高廣）に刃傷におよぶ理由に深作は興味がないようで、『赤穂城断絶』同様一切触れない。お家断絶となり家臣たちは路頭に迷い、浪人生活は日々逼迫してゆく。にもかかわらず、もと家老の大石内蔵助（津川雅彦）は妻を離縁し、祇園で遊興にふけり、若いおかる（菊池麻衣子）を妾とする。

堀部安兵衛（渡瀬恒彦）ら急進派の浪士は、江戸へ出て吉良を討つ機会を狙う。そのうちのひとり民谷伊右衛門《たみやいえもん》（佐藤浩市）は湯女《ゆな》のお岩（高岡早紀）と出会い、一緒に暮らし始める。お岩の胎内には、伊右衛門の子供が宿る。そんなある日、伊右衛門は吉良の家臣である伊藤喜兵衛（石橋蓮司）の孫娘お梅（荻野目慶子）を、酔漢から助けた。これが機となり、お梅に惚れられた伊右衛門は、小判の誘惑に負けて伊藤家に接近してゆく。伊藤家を訪れ、宴に出た伊右衛門はついに、「急のことながら、お梅殿とは今宵のうちに祝言を……その代わり、私を吉良家にご推挙願いたい」と、喜兵衛に切り出す。時を同じくして、お家再興の望みが断たれた大石は仇討ちを決意し、浪士たちに召集をかけて宴を開く。さらにお岩に悲劇が、ふりかかる……この三つのエピソードがカットバックで描かれる。

お岩に思いを寄せる湯女宿の番頭宅悦（六平直政《むさかなおまさ》）が、お梅の侍女（渡辺えり子）に買収された。侍女から預かった薬を宅悦は、伊右衛門から預かった安産の薬だと偽りお岩に飲ませる。だがこれは毒薬で、お岩の顔は崩れ、もがき苦しんだすえに死んでゆく。そこへ伊右衛門が現れ、不義密通を働いたと言い掛かりをつけて宅悦を斬り捨てる。大雨の中、吉良家の家臣たちは、お岩と宅悦の遺体を一緒に戸板に釘で打ち付けて、川に流す。

ところが伊右衛門とお梅の初夜の床に、お岩が亡霊となって現れて言う。

「みんなあんたが悪いのよ。あんたって人はあんたを好きになった人を、全部破滅の淵へ誘い込んでしまう。覚えておくといいわ。いつかきっと、罰を受けると」

伊右衛門は発狂したように、お梅や喜兵衛、侍女を斬り殺す。それでも吉良家の家臣清水一学（蟹江敬三）は仕官の手土産として大石を斬るよう、伊右衛門をそそのかす。

伊右衛門は平間村の大石の宿を訪ねるが、斬れない。逆に堀部ら護衛の浪士たちに、ずたずたに斬られてしまう。亡霊となったお岩の手助けもあり、討入りは成功。「疲れた」と言って吉良は首を打たれる。かつての同志たちを見つめる伊右衛門が弾く琵琶の音が、浪士たちの耳に届く。ようやく完全な亡霊となった伊右衛門は、お岩と心を通わせる。「どこまで行くの」と問うお岩に、伊右衛門は「わからない、とにかく俺たちが行き着けるところまで」と返事して、エンドロールが流れ始める。なんとも猥雑な活気に満ちており、血まみれ、怨念まみれ、遠慮というものがまったく感じられない。脚本完成のさい、自信が無いようなことを言った深作は、ふっ切れたかのように人間の心

忠臣蔵外伝・四谷怪談
（DVD 発売中　2,800 円＋税
発売・販売元：松竹
© 1994 松竹株式会社）

の一番弱くて汚い部分を、目一杯まがまがしく描く。
『赤穂城断絶』では、脱落する浪士の橋本平左衛門（近藤正臣）に深作の興味が一番注がれていた。本作の伊右衛門は、橋本を徹底して掘り下げた人物像だろう（近藤は伊右衛門の父役で出演）。実は本作にも少しだけ、「橋本平左衛門」が登場する。大石に失望し、生活に窮したあげく、十七歳で馴染みの遊女お初と曾根崎新地で心中するという設定だ。近松門左衛門の『曾根崎心中』に引っかけていることは、言うまでもない。

伊右衛門を金で誘惑する伊藤家の喜兵衛とお梅、侍女の三人は白塗りの異常なメークで登場する。ところが伊右衛門もお岩を裏切り、かれらに魂を売るや、だんだん顔が白塗りになってゆく。前々作の『必殺4』（昭和六十二年）で深作は、悪しき権力者たちを白塗りにしたが、今回は一線を越えてしまった人間を、もっとはっきりと白塗りで区別する。ただ、伊右衛門まで白塗りにするのは、撮影現場で決まったらしい。大石が自分を斬りに来た伊右衛門の白塗りを見、「どうしたんだその顔は」と吹き出すが、この台詞は脚本の決定稿には無い。

深作は大石と伊右衛門を、堂々と互角の扱いで舞台に立たせる。ただ、それで大石の「忠義」の「美談」を際立たせるつもりはない。逆に、その本音があぶり出されるのだ。

大石の台詞が、従来の大石らしくなくて面白い。城明け渡し前の評定の席で、亡君の位牌を前にして刃傷を「よしなき短慮」と非難し、「仇討ちはしたくない。いまはまだ」と言い切る。

討入りにかんしても、「私たちは勝つ。そして世間は、町人も武士も、将軍家さえも、私たちの忠義を褒め讃える」と客観視している。それでも最後まで討入りを嫌がり、生きることに執着を示し、さらに脱落してゆく伊右衛門の不安をかき立てるようにして、言い放つ。

「同志を捨てて自由気ままにおのれの生きる道を選んだお前だが、世間はそういう人間が大嫌いでな、蛇でも見たように寄ってたかって叩き殺そうとする……。これからの長い一生、そんな世間に刃向かっていけるのか?」

これが深作が描きたかった、大石像なのだろう。世間の無責任なルールを腹の中で馬鹿にしながらも、従わなければ不安だから討入るのだ。津川が、楽しんで演じているのが分かる。

お岩に毒を飲ませる宅悦を演じる六平も、深作好みの俳優のようだ。思いきり厳つい風貌ながらも、人間臭い。『仁義なき戦い　代理戦争』(昭和四十八年)でプロレスラーを演じたりした、大前均に通じる雰囲気がある。平成二十七年九月、私が六平から聞いたところによると、深作が六平の出演する下北沢での舞台を見に来て以来の付き合いだったという。深作映画初出演の『いつかギラギラする日』のもぐりの医者の役はあまり印象に残らないが、宅悦はこれ以上ないほどのはまり役(蜷川幸雄監督『嗤う伊右衛門』〈平成十六年〉でも六平は宅悦を再び演じた)。小判を取り出す場面での工夫や、戸板で流される場面の苦労話を話してくれた。また、深夜に撮影が終わった後も、深作はスタッフやキャストを連れて焼肉を食べに行ったという（深作の焼肉好きは、他の俳優からも聞いたことがある）。

元の『四谷怪談』では武家の娘だったお岩が、映画では湯女という遊女になっている。それを圧倒的な存在感で、高岡早紀が演じる。公開時はヌードがやたらと話題になった。その健康的なヌードも含め、どれだけ汚され、踏みにじられても、徹底した「聖女」であり続けるお岩を見事に演じ切る。お岩がすべてを許し、元の顔に戻ってゆく討入りのシーンで見せる表情は美しい。ここに説得力がないと、あまりにも荒唐無稽な物語は成立せず、ただのゲテモノ映画で終わってしまう。この演技で高岡は、その年の日本アカデミー賞最優秀女優賞と新人俳優賞、キネマ旬報主演女優賞、ブルーリボン賞主演女優賞、山路ふみ子女優賞など軒並み受賞した。ところがその後、作品や役に恵まれていないようで気の毒である。

これは松竹の作品だが、同じころ東宝も市川崑監督『四十七人の刺客』という忠臣蔵モノを公開し、くしくも競作となったので、その点でも注目を集めた。大石役は高倉健、原作は池宮彰一郎。こちらも従来の美談とは異なる新解釈で、刃傷の理由は謎のままで終わる。

キネマ旬報ベストテンで『四谷怪談』は二位（読者選出も二位）、『四十七人の刺客』は圏外の十四位だった。他にも『四谷怪談』は日本アカデミー賞最優秀作品賞や芸術選奨文部大臣賞など多数を受賞。賞レースでは、『四谷怪談』圧勝の観があった。このため年末のＮＨＫ紅白歌合戦の審査員席に、深作監督が座っていた。

60

おもちゃ

公開／平成十一年一月十五日　上映時間／一一三分　東映＝ライジングプロダクション作品（東映配給）
プロデューサー／豊島泉　春日たかし　小柳憲子　企画／佐藤雅夫　平哲夫　深作欣二　原作・脚色／新藤兼人
撮影／木村大作　音楽／天野正道
出演者／宮本真希　富司純子　南果歩　喜多嶋舞　三谷昇　津川雅彦　他

舞台は売春禁止法施行の直前、昭和三十三年（一九五八）の京都祇園。置屋の藤乃屋で「おちょぼ（雑用係）」として働く時子（宮本真希）という十七歳の少女が、憧れの舞子になってゆくまでの物語である。タイトルの「おもちゃ」は、時子につけられる源氏名だ。

まず、新藤兼人による、じっさいの花街を徹底して取材し書かれた脚本があった。これは新藤らが率いる近代映画協会の同人誌「シナリオ研究」に昭和四十四年（一九六九）に発表されたもので、当時から深作は注目していたという。だが、その脚本は製作費がかかるせいか、なかなか映画化されなかった。

『華の乱』以来十年ぶりに、東映京都から仕事の依頼が深作監督に来る。はじめは明治の毒婦とされた高橋お伝と、殺人犯で当時指名手配中だった福田和子を題材として話が進んだ。時空を隔てて生きた二人の女を並行して描く『愛の狂詩曲』という物語で、深作と高田宏治の共同脚本だった。ところが阪本順治監督が福田和子を題材にした『顔』（平成十一年）をつくろうとしていると知った深作は情報を集めたすえ、「あ、駄目だ。負けてる」と、二人の悪女モノの企画を引っ込める。そして『おもちゃ』の脚本を引っ張り出して来て、乗り換えたのだという（『映画監督 深作欣二』）。

さらにライジングプロから、製作費を出すから「宮本真希」という女優を売り出す映画をつくって欲しいとの依頼が、東映に舞い込む。宮本は宝塚音楽学校の出身で、少し前に退団し、映画は初めてだった。下膨れのちょっと古風な顔立ちの宮本は、『おもちゃ』の時子に相応しい。また、製作費を出してくれるというのは東映にとってもこの上もなく有難い話だったようで、三十年を経て『おもちゃ』は映画化が決まる。深作は新藤に、脚本の一部手直しを依頼した。いつの時代かを表すため、売春禁止法の施行を強調し、さらに新藤側の提案で、置屋の女将里江（富司純子）と主人公の関係が描きこまれた（前掲書）。

撮影は最初、「三里塚」のドキュメンタリー等も手がけたことがある田村正毅だったが、富司純子らと相性が合わなかったらしい。ついには「富司君を綺麗に撮る気持になれない」と言い出し、結局木村大作に替わる（前掲書）。ちなみに富司は二十六年ぶりの東映出演で、堂々とした貫禄で演じているのはさすがだ。

深作は、東映のドラマツルギーに一貫してあるのは「貧しさ」なのだという。主人公の時子も西陣の貧しい機織職人の家に生まれ、家計を助けるために藤乃屋に奉公に出された。そして貧しさから抜け出すため、みずからの体を売ることに何の疑問も抱かない。男たちの「おもちゃ」になる決意が、源氏名にシンクロしているのだ。この点につき深作は、次のように語る。「なんとすぐれたネーミングだろう。クライマックスでヒロイン・時子がにっこり笑って『おもちゃどす』と名乗るが、見事に居直った宣言だ。貧しさや家族を養わなければならない辛い状況を引き受けて生きるには、運命のおもちゃになるしかない。そうすることによってのみ初めて彼女の状況は開けてくるからだ。映画の作者として僕は、居直った人間の魅力や強さをこの作品で描きたかった」（プログラム）

舞妓になる直前の時子が、ひそかに思いを寄せていた幼なじみの山下（月亭八光）の姿を物陰から見守るシーンがある。当初時子はしゃがみこんで泣くはずだったらしいが、宮本の意見により、ほほ笑む演技に替わったのだという（プログラム掲載の宮本談）。「居直った人間」という深作の意図を汲んだ結果だろう。時子が着物を一枚ずつ脱いでゆく最後の水揚げのシーンはストリップを参考にしたといい、やはり「居直った」ように大胆なヌードを見せる。この作品で宮本は、第十一回東京国際映画祭の最優秀女優賞を受賞した。

ただ、この映画もヒットしなかったらしい。題材が時代遅れであり、遅れているものは受け付けない社会になっていたのだ。深作は「若い人のなかで、虚構を楽しむ、フィクションを楽しむ、といった映画を見るときの前提が、一般的になくなっているのではないでしょうか」とし、そういう映画をつくって来た撮影所の時代は終わったと語っている（『映画監督 深作欣二』）。

61

バトル・ロワイアル

公開／平成十二年十二月十六日　上映時間／一一三分　「バトル・ロワイアル」製作委員会作品（東映配給）
製作／片岡公生　深作健太　企画／佐藤雅夫　岡田眞澄　鎌谷照夫　香山哲　原作／高見広春　脚本／深作健太
撮影／柳島克己　音楽／天野正道
出演者／藤原竜也　前田亜季　ビートたけし　柴咲コウ　安藤政信　山本太郎　他

『忠臣蔵外伝　四谷怪談』（平成六年）で文部大臣の名が冠された賞をもらった深作監督は、つづいて紫綬褒章を受けた（平成九年）。さらには深夜のニュース番組に出た自民党の大物代議士が、今年観た映画の中で『おもちゃ』（平成十一年）が一番良かったなどと褒める。すでに深作も七十歳に近く、かつての反骨精神も薄れ、あとは老いてゆくだけかと、私などは心配した。行政から頭を撫でてもらうや急に大人しくなり、尻尾を振って擦り寄ってゆくクリエーターなど、山ほどいる。だが、そんな心配は深作の場合、杞憂に終わった。

国家権力が、中学生を殺し合わせる『バトル・ロワイアル』の登場だ。くしくも二十世紀最後の深作映画、東映映画になった。高見広春の原作は某ホラー小説賞の最終選考まで残りながら、「非常に不愉快」「こういうことを考える作者が嫌い」「受賞させたら賞のためにはマイナス」などと審査員から酷評され、落選した曰くつきの作品である。ところが、太田出版から発売された単行本は若者を中心に支持され、四十万部を越えるベストセラーになっていた。

新世紀はじめ、崩壊したその国の自信を失った大人たちは子供たちを恐れ、ＢＲ法（新世紀教育改革法）という法案を可決した旨が字幕で説明されるところから映画は始まる。この法にもとづき、無人島に隔離された中学三年生四十二名は、かつての担任教師キタノ（ビートたけし）から、

「そこで、今日はみなさんに、ちょっと殺し合いをしてもらいます。最後の一人になるまでです。反則はありません」

と命じられる。期限は三日間。ゲームは開始され、極限状態の中、積極的に友を殺す者、自殺する者、抵抗する者、団結する者、疑心暗鬼になる者、逃げようと知恵を絞る者など、さまざまなドラマが繰り広げられ、少年少女たちは次々と死んでゆく。

その中のひとり、七原秋也《しゅうや》（藤原竜也）は孤児院で共に育った国信《くにのぶ》慶時（小谷幸弘）を、キタノに殺されてしまう。秋也は、慶時がひそかに思いを寄せていた中川典子（前田亜季）を守りぬくと誓い、迷いながらも戦う。そしてキタノを倒し、過去のゲームで勝ち残って再参加させられた川田章吾（山本太郎）とともに島を脱出することに成功。深手を負った川田は「ホンマにつらいんはこれからやぞ……」と言い残し、船の中で息絶えてしまう。

バトル・ロワイアル　特別篇
（DVD 発売中　2,800 円＋税
発売元：東映ビデオ）

国家は秋也と典子を、「全国指名手配」する。秋也と

典子は、早朝の渋谷を走る。その姿に、「どこまででもいい。精一杯でいいから…走れ」という秋也の声が重なり、「走れ！」の字幕が出てエンドロールが流れる。この二人に、苛酷な運命が待っていることを予測させるラストシーンだ。しかし悲壮感よりも、何か込み上げてくるようなエネルギーを感じさせる。

『その男、凶暴につき』ではかなわなかった、ビートたけしの深作映画出演が実現しているのが、まず嬉しい。狂気を感じさせる、名演である。

メーキング映像を編集した『映画は戦場だ　深作欣二inバトル・ロワイアル』（東映ビデオ）は本篇以上に、ある意味感動的だ。深作監督はクランクインの八カ月前から、若い俳優たちをオーディションする。その数なんと八百人。そして運動神経の良さで選ばれたという俳優たちをリハーサル、本番と徹底的に鍛え上げてゆく。タンクトップ姿の七十歳の監督が四十二人全員の名を覚え、大声で指示を出し、正面から向かい合って格闘している。そして四十二人も、深作の期待に応えようと、懸命になって動きまわり、走りまわる。活動屋として、若い世代にひとつでも多くのものを伝えようとする深作の意気込みが、ひしひしと伝わって来る。

深作監督は、長男の深作健太にこの原作を教えられて読み、映画化を決めたという。健太は本作の脚本・プロデューサーを務めることになったが、監督・原作・プロデューサーという三者の間で、映画化に対する考え方にギャップがあったことを明かしている。

「監督は自分の体験した15歳時の戦争体験をイメージして、〝大人VS子供〟という構図を持ち出しましたし、僕は僕で少年犯罪が多発しているいまの15歳をとらえたかった。罪を犯してしまう彼らの閉塞感にある種の共感もありましたから。ところが高見サンはスゴイ正義感で小説を書かれていて、あくまでフィクションとしてエンターテイメントに徹した映画を作ってほしいとのご希望。高見さんには親切にいろいろと貴重な意見をいただいたのですが、結局、親子で不義理にも踏みにじってしまいました。ただ絶対、原作の最大の魅力である青春小説としての爽快感は大切にしようと誓ったんですよ」(『バトル・ロワイアル　The　MOVIE完全攻略ガイドブック』平成十二年)

そして完成した映画は、当然ながら監督の思いが強いものとなった。自身の十五歳は艦砲射撃を受けた工場で、二十何体の死体を探して歩いたという年だ。そして、日本が戦争に敗れ、あらゆる価値観が一八〇度ひっくり返った年でもある。その十五歳の体験が映画つくりの原点であると、深作は以前から繰り返し語っていた。

公開をめぐるゴタゴタも、いかにも問題作らしい。まず、暴力シーンの多さから映倫からR-15の指定を受けた。つまり深作が一番観て欲しかった中学三年生の一部は、鑑賞出来ないのだ。憤慨した深作は、中三だったら、年齢をごまかして映画館に入る方法くらい思いつくだろうなどと、うそぶいていた。

さらに、民主党の石井紘基衆議院議員がこの映画の存在について、「青少年に悪影響を与える」と、大島理森《ただもり》文部大臣に対し見解を求め、上映に反対して規制しようとする。このような形で政治が映画を封殺するなど、あってはならない事態だ。しかも、石井はまだ作品を観てなかった。その後、議員らを対象にした試写が行われる。なおも酷評する石井に対し深作は、

「臭いものに蓋をすれば少年犯罪は減るのですか？　議員は子供を信用していないし、映画のこともまったくわかっていない」

と反論した。これは皮肉にも、石井のような子供を信頼出来ず、恐れた大人たちの世界が生み出した物語である。議員にすれば、国家が十五歳に殺し合いを命じるなど荒唐無稽なのだろうが、なにしろ深作は十五歳の時、国家から戦争に行き、人を殺せと教育された世代なのだ。

こうした国会議員との論争もかえって宣伝につながったようで、映画は初公開時だけで興行収入二十五億円、観客動員数百八十万人以上という大ヒットを飛ばした。このため平成十三年四月七日には、『バトル・ロワイアル　特別篇』が公開されている。こちらは未公開場面と新撮影場面を加えて八分ほど長いバージョン。初公開版では無音だった、回想シーンのキタノと典子の会話の音声が入っていたり、秋也たちのバスケットボールのシーンや光子（柴咲コウ）の少女時代のエピソードなどが新たに撮影されている。さらにこの特別篇をもとにした３Ｄ版がつくられ、平成二十二年十一月二十日に公開された。

62

バトル・ロワイアルⅡ 鎮魂歌《レクイエム》

公開／平成十五年七月五日　上映時間／一三三分　東映作品
監督／深作欣二　深作健太　製作／片岡公生　脚本／深作健太　木田紀生
撮影／藤澤順一　音楽／天野正道
出演者／藤原竜也　忍成修吾　前田愛　竹内力　津川雅彦　酒井彩名　他

深作監督の遺作である。今回は原作は無く、映画版のオリジナル・ストーリーだ（のちノベライズ化された）。

前作で生き残った七原秋也（藤原竜也）は国際指名手配されており、反BR法を訴えるワイルドセブンというテロリスト集団のリーダーになっている。都庁をはじめとする新宿副都心の高層ビルがつぎつぎと崩れ落ちるという衝撃的なCG映像から始まり、「世界はテロルの時代に突入」などの字幕が出る。

国家は新たに新世紀テロ対策特別法「BRⅡ」を施行した。社会からはみ出した少年少女を集めた鹿之砦中学校の三年生四十二人に二人ひと組でタッグを組ませ、テロリストのアジトになっている戦艦島という孤島に送り込もうとする。三日間のうちに秋也を殺せとの指示が出、逃げることは許されない。今回の担任教師は、テロで愛娘を殺されたRIKI（竹内力）だ。

激しい攻防戦が繰り広げられ、子供たちは次々と死んでゆく。秋也たちは攻撃して来るのが軍服を着せられた子供たちだと知り、愕然となる。やがて理解し合流したワイルドセブンと子供たちは、ともに大人たちに抵抗する。

そこで秋也は世界中のコンピューターを通じ、すべての大人たちに宣戦布告。地球には六十三億人が住み、それぞれ異なった価値観を持っているのに、「ひとにぎりの大人たちやひとにぎりの国」が「平和」「自由」を勝手に決めるなと、秋也は訴えかける。

これを聞いた総理大臣（津川雅彦）は、怒り狂う。総理大臣は「あの国」の大統領が機嫌を損ねることを極度に恐れており、

「世界は『あの国』を中心に、ひとつになっている」

と言う。「あの国」がアメリカを指しているのは言うまでもない。ちなみにこれが脚本準備稿になると、もっと具体的だ。ずばり、アメリカ合衆国大統領が登場し、

「今度の爆撃は平和維持活動だ」

「七原秋也はあらゆる自由と民主主義の敵だ」

といった台詞がある。さすがにこれは、そのまま映画化出来なかったようだ。

「あの国」のミサイル攻撃が始まることを恐れた総理大臣は、戦艦島を武力攻撃するよう命じる。戦いのすえ島を脱出した秋也たちは三カ月後、中川典子（前田亜季）らが待つ中東の荒野に帰って来る。そして秋也の独白で、映画は終わる。

「俺たちが目指す道は、まだあまりにも険しく、あまりにも遠い。だけど俺たちは知っている。

世界のどこにいても俺たちには仲間がいて、そして俺たちはどんな遠くにだって行ける。俺たちに明日はある。俺たちがそれを望み続ける限り」

『バトル・ロワイアル』の次回作としていくつかの候補が上がったが、最後は「9・11」と呼ばれるアメリカ・ニューヨーク同時多発テロに触発され、この企画に定まっていった。深作の描こうとしたテーマは「テロ・戦争・七原秋也」で、役者として藤原竜也を使いたかったという。

深作と9・11の関係につき、健太は次のように語っている。

「深作欣二なりに衝撃を受けたんでしょうが、世間で語られるような、報復と呼ばれる正義が是か否かとか、やれテロだとかいう議論よりも、もっと個人的なレベルの話。自分が若い時に感じていたアメリカへの憎悪とも呼べる疑問。そして時代への疑問が再び沸き上がってきたんだと思います」(『キネマ旬報』平成十五年七月下旬号)

ところが深作の肉体を、病魔が襲う。平成十四年六月、以前手術した前立腺ガンが骨に、そして全身に転移したことが分かったのだ。医師は、静かな生活を送ることを勧める。

それでも深作は治療を受け、薬を投与しながら、あくまで映画監督を続けようとした。八月に生徒役のオーディションが行われ、シナリオ執筆やロケハンも進む。

企画発表会見は九月二十五日、東京の帝国ホテルで、マスコミ各社を集め行われた。まず、全身にガンが転移していることが健太から語られると、会場からどよめきが起こったという。そこで出された深作のメッセージの最後は、次のようにしめくくられている（深作健太＋深作組『深作欣二　最後の闘い』平成十五年）。

「いま私は満身創痍の体で、

映画監督人生を賭けた最後の闘いに挑もうとしている。

たとえこの闘いで生涯を終えようとも、私には一片の悔いもない」

深作にとって、超大国の一方的な「正義」に抵抗するテロリストを描くこの作品を撮ることは「闘い」なのである。戦後自分たちと自分たちの国に苦痛と屈辱を与え続けた超大国へ、そして追従するしか出来ない日本の政治家へ、昭和五年生まれの映画人として最後に「映画」で一矢報いたいのである。

むろん、深作にテロを賛美するつもりはないだろう。だが、少数の弱者であるテロリストたちにも言い分があり、強者がそれに耳を傾けず、「テロ撲滅」としか唱えなくなった時こそが一番危いと、映画は訴えている。誤解を招いたり、揚げ足をすくわれたりする可能性の高い、前作よりも遥かにリスクの高い企画だ。そんな危なっかしい企画を超メジャーの舞台で撮らせようという東映という映画会社もまた、凄い。いまなら、前作よりもっとひどい政治的圧力がかかり、実現しなかったかもしれない。

『バトル・ロワイアルII』は平成十四年十二月十六日、東映東京撮影所でついにクランクインした。キタノシオリ（前田愛）が自分の部屋で父（ビートたけし）が残した絵を見つめる場面だ。結果として、これが深作が監督したラストカットになった。

深作の容体は悪化し、平成十五年一月十二日、七十二歳で他界してしまった。

健太が監督を引き継ぎ、映画は完成、七月五日、予定どおり公開される。前作同様、映倫はR－15に指定した。エンドロールには「監督」として、「深作欣二・深作健太」がクレジットされ、そして一番最後に元気なころの深作監督の横顔が映し出される。完成作品は、いささかゲーム性が強調され過ぎている気がするが、それは仕方ないと思うしかない。

この映画がつくられて、すでに十数年が経った。無差別テロは世界の各地で起こり、核兵器の脅威は、ますます高まっている。超大国もまた、その強気な姿勢をあらためようとはしない。従わない国や理解出来ない国は、すべて「悪」であり「敵」なのだ。「美しい国」を連呼する割に、超大国の言いなりになっている現実の日本の総理大臣は、映画に登場した総理大臣そのままだ。しかも総理大臣を演じていた役者が、いまや現実の総理大臣を讃える発言をマスコミで繰り返しているのは、皮肉以外の何物でもない。

深作監督が生命を削り、この映画に託したメッセージ「俺たちに明日はある。俺たちがそれを望み続ける限り」は、古びるどころか、ゾっとするくらい現実的なものに聞こえて来る。

《コラム③》

◆海外における深作欣二の評価

深作監督の作品が海外で評価されるようになったのは、晩年のことと言っていい。以前からいくつかの作品が輸出されていたが、七〇年代にカナダで『仁義なき戦い』を上映したら、女性が次々と退場するなどのハプニングがあり、深作自身も「外国において理解されると思っていなかったし、理解されなくてもいいと思っていた」という（佐藤結「世界の中のフカサク」『キネマ旬報　映画監督深作欣二の軌跡』）。

それが一躍注目を浴びるようになった一因は一九九二年、『レザボア・ドッグス』で監督デビューしたクエンティン・タランティーノが、『仁義なき戦い』などの深作作品から影響を受けたと語ったことだ。『仁義なき戦い』はその後、北米で二〇〇四年にDVDが、二〇一五年にブルーレイが発売され、容易に観ることが出来る作品となった。他にも北米では何本かの深作作品がソフト化されている。タランティーノは二〇〇三年の『キル・ビルVOL・1』巻頭で、この作品を同年に他界した深作に捧げる旨を記したほどだ。

また二〇〇〇年のロッテルダム国際映画祭における日本映画特集で『仁義なき戦い』はじめ十五本の深作作品が上映され、ヨーロッパの映画ファンを驚かせた。同地では翌年に『バトル・ロワイアル』が上映されて、さらなる衝撃を与え、その後欧米各地の映画祭でも深作特集が組まれた。

また、『男たちの挽歌』（一九八六年）などで知られる香港のジョン・ウー監督は深作が亡くなったさい、「真の日本の宝」と評し、「世界の映画作家と同様、私も監督の映画を見て育ちました」と哀悼の念を表している（『映画監督　深作欣二の軌跡』）。

エピローグ

『仁義なき戦い』の脚本家である笠原和夫が七十五歳で亡くなったのは、平成十四年十二月十二日だった。同月二十日、容体が悪化した深作監督は『バトル・ロワイアルⅡ』の撮影現場を後にして緊急入院し、二十三日目の平成十五年一月十二日午前一時、帰らぬ人となった。映画史上に残る名作をつくったコンビが、くしくも相次いで逝った。

ワイドショーなどに登場する関係者の多くは、現場に立ち続けた深作欣二の最期を讃えた。羨望の眼差しを送る人もいたが、まさに誰もが憧れるような生きざまであろう。一月十六日、築地本願寺で葬儀・告別式が行われたが、友人を代表して菅原文太が贈った弔辞が、さすがに胸に迫るものがある。

「サクさん、ご苦労さまでした。あなたは、四〇年、いや五〇年近く、わき目も振らずに歩き続けてきた。（あなたを）突き上げていたものは何だったのか。あなたがいつも言っていた戦後の日本ですか？　三〇年前、撮影所は熱く激しい日々だった。セットに響く大きな声が思い出されます（中略）…現場で倒れたのは無念だったと思うが、（あなたは）本望だったのではないですか？　……川の向こうに渡っているあなたに、今は手を振って別れを告げるだけです。さようなら。……安らかにお眠り下さい……」（『深作欣二　最後の戦い』）

深作欣二と菅原文太は、同じ昭和一桁生まれの「戦友」だったのだろう。家族とともに深作欣二の最期を看取ったのも菅原文太だった。

没後、国は何をとち狂ったのか、深作欣二に「勲四等旭日小綬章」を贈っている。コアな映画ファンを対象にした雑誌『映画秘宝・40号』（平成十五年四月）は「生涯絶対深作欣二主義」と題した特集を組んだが、その記事中のコピー「いまさら勲四等？　笑わせるな！」が、言い得て妙でおかしかった。

一方、菅原文太は平成二十四年十一月、五十六年におよぶ俳優生活を終えると宣言。仲間とともに国民運動グループを結成し、活動を開始した。

菅原文太本人が意識したか否かは分からないが、それは最後まで強大な権力に挑み続けた深作欣二の生き方と、重なって見えて仕方なかった。平成二十六年十一月一日には沖縄県知事選挙の候補者（のち当選）の応援を自ら買って出て、約十一分にわたり沢山の聴衆を前に演説している（その時の模様はインターネットの動画で閲覧出来る）。

「政治の役割はふたつあります。ひとつは国民を飢えさせないこと。安全な食べ物を食べさせること。もうひとつは、これは最も大事です。絶対に戦争をしないこと」

会場は拍手喝采となった。つづいて米軍基地の問題をめぐり前知事のことを「最も危険な政権と手を結んだ」「裏切り者」とし、『仁義なき戦い』の「山守さん、タマはまだ残っとるがよ」の台詞を使って揶揄したので、これまた会場は拍手喝采となった。

だが、それから間もなくの十一月二十八日、菅原文太は八十一歳で急逝する。

私は亡くなる少し前の九月五日、福岡市で開催された「がん制圧全国大会」における、菅原文太の講演を聴きに行っていた。そのさい「癌は全治しました」と語っていたから、死去のニュースに接した時は、ただ唖然としてしまった。講演当日、私は生まれて初めて芸能人に書いたファンレターを持参し、自分の著作と一緒に菅原文太に渡してくれるよう受付に預けて来た。『仁義なき戦い』などに自分がどれ程影響を受けたか、感謝の気持ちを伝えたかったのだ。返事はなかった。だが、もし、少しでも私の手紙や著書に目に止めてくれたかも知れないと思うと、それだけで嬉しいのである。

くしくも同じ月の十日、高倉健が他界していた。本人の意志ではないだろうが、かつてCMの中で言った「不器用ですから」が、高倉健の代名詞になっている。だが、信念を貫き、政治的発言も辞さず、多くの敵をつくっても怯まなかった菅原文太の方が、よほど不器用な生き方のように私には思えた。

深作監督は、

「日本の民衆がもっとアブナクなってくれると、世の中がすごくよくなると思います」（『深作欣二ラストメッセージ』）

と、若い学生相手に語っているが、事なかれ主義、事大主義で小さくまとまろうとする者たちを、映画を通じ挑発し続けた監督だった。私も多感な十代のころに数々の深作映画に出会わなければ、もっと違う人生を送っていたような気がする。

晩年の『バトル・ロワイアル』は凄まじいエネルギーに満ちた映画だったが、メインキャストのひとり山本太郎は、深作監督との出会いにより、大きく人生を変えた一人だと言えよう。昭和四十九年（一九七四）生まれの山本太郎は、深作監督のことを「父のように慕った人」「プライベートでも影響を受けました」などと述べている（山本太郎『ひとり舞台』平成二十四年）。

その後、山本太郎は反原発活動を始め、選挙に出馬して参議院議員になった。日本の場合、俳優が政治的発言を行えば、下手をすれば墓穴を掘ることになりかねない。しかし山本太郎は、覚悟の上で茨の道を歩んだ。案の定、日本の芸能界は山本太郎から仕事を奪い、スキャンダルをほじくり返そうとした。その政治的主張は賛否両論あってしかるべきだが、このご時世、まずはこういう人間が生まれたことを喜びたい。

平成二十七年十一月十三日夜、私が福岡の天神を歩いていると偶然、山本太郎がＴＰＰ反対、現政権打倒を訴えて路上演説していた。演説後、数分立ち話しをさせてもらったが、私は「深作監督の志を継いで下さいね」と言って別れた。そう言わずにはいられない、何かを感じたからである。

おわりに

長年来の念願だった深作映画についての一冊を、ようやく書き上げることが出来た。感無量である。

ただひとつ残念でならないのは、生前の深作監督に、お目にかかることが出来なかったことだ。これは悔やんでも、悔やみ切れない。会うチャンスは何度かあった。たとえば深作映画に出演し、プライベートでも付き合いがあるという俳優さんと親しくなった時、「いつか、紹介して下さいよ」とお願いしたことがある。俳優さんから快諾はいただいたものの、なんだか恐れ多くて、それ以上踏み出すきっかけが見つからなかった。そのうち訃報に接し、愕然となった。

直接話は聞けなかったが、山根貞男氏がまとめた『映画監督 深作欣二』により、その肉声の片鱗に接することが出来るのは、私のような会えなかった者にとっては実に有難い。一九九九年二月末から二〇〇二年一月末まで山根氏が断続的に行ったインタビューなのだが、深作監督が熱弁を奮う姿が眼前に浮かんで来るような貴重な資料であり、本書にもたびたび引用させていただき、とても感謝している。

私が深作映画にのめり込んだきっかけは、いまから三十数年前の中学生時分、新開地の神戸東映で観た『仁義なき戦い』大会だ。それから新作も旧作も、深作映画は手当たり次第観た。特に新開地の福原国際東映などは何度通ったか分からない。場末特有の小便と汚物とタバコの臭いが入り交じった劇場内の雰囲気は、深作映画に相応しかった。

特に、しょっちゅうコマが飛ぶボロボロのフィルムで初めて観た『仁義の墓場』は、映画の荒っぽさと妙にマッチしており、いまも忘れられない。最近はなんでも高画質、高音質を自慢するが、必ずしもそれがベストではないだろう。当時よく一緒に映画を観に行っていた悪友はいま、地元神戸でヒラジーの芸名で俳優をやっているが、たまに酒を飲みながら、あれは何て幸福な時間だったのだろうと話すことがある。

しかし、深作監督が亡くなったころ、ほとんどの場末の映画館は消滅してしまった。実に嘆かわしいことだが、そのため映画館が所蔵していたポスターやスチールといったグッズ、脚本などの資料が大量に市場に出廻り始めた。私は深作監督の資料館をつくる意気込みで、それらを一生懸命買いあさった。いまだ資料館は出来ていないが、このたびの執筆には大いに役立てることが出来た。

執筆や出版の目処はなかなか立たなかったが、それでも深作映画に出演された俳優さんにお会いした時は、出来るだけ話を聞かせてもらうようにした。

中でも平成二十七年三月二十八日、名古屋のテレビ局でご一緒した松方弘樹さんには一時間近く時間を割いてもらい、『仁義なき戦い』や『柳生一族の陰謀』の撮影時のお話などうかがうことが出来、ひたすら感激した。まだまだ聞きたいことがあったので、「また、お話聞かせてもらいに行っていいですか」と尋ねたら、「いつでもおいで」と、あの渋い声で言ってくれたのが忘れられない。再びお会いすることは叶わなかったが、松方さんに出会えたことで、本書を世に出したいとの思いに弾みがついた。

笠原和夫、深作欣二、野坂昭如、高倉健、菅原文太、そして父と、昭和一桁生まれの男たちが私の前から次々と消えてゆく。日本はいま、さまざまな面で分岐点に立たされている。にもかかわらず、国民はあまり物を考えなくなったとも言われる。だからこそ、国家によってきわめて歪《いびつ》な体験を持たされた、深作欣二たち昭和一桁世代が突っ張りながらも伝えようとした「志」を、いま一度考え直してみたいのである。

最後になりましたが取材や執筆に協力いただいた方々、出版実現に向けて尽力して下さったコーエン企画の江渕眞人氏、そして出版を引き受けて下さった青志社代表取締役の阿蘇品蔵氏に感謝申し上げます。

平成二十九年秋

一坂太郎

〈参考文献〉

（本文中では引用文献名を明記したが、ここでは特に重要な文献をあらためて紹介する）


『世界の映画作家22 深作欣二・熊井啓編』キネマ旬報社　昭和四十九年
※最古の深作研究書で、同年齢の社会派監督とのカップリング。
瓜生忠夫・佐藤忠雄・斎藤正治・田山力哉が寄稿し、デビュー作から『仁義なき戦い　頂上作戦』までを深作自身が語る。

『笠原和夫シナリオ集 仁義なき戦い』映人社　昭和五十二年（のち幻冬社で文庫化）
※『仁義なき戦い』四部作の脚本と笠原の関連エッセイ、スチール写真などを収録。
『仁義なき戦い 浪漫アルバム』杉作J太郎・植地毅　徳間書店　平成十年
※『仁義なき戦い』の世界をファンの視点からまとめた。キャスト・スタッフのインタビューは貴重。
『仁義なきバトル・ロワイアル』深作欣二・高野育郎　アスペクト　平成十二年
※『バトル・ロワイアル』のエグゼクティブ・プロデューサーとの対談。最終章では深作映画論が語られる。
『昭和の劇 映画脚本家 笠原和夫』笠原和夫・荒井晴彦・絓秀実　太田出版　平成十四年
※平成十一年七月から一年四カ月にかけて行われた笠原へのインタビューをまとめた。
深作や深作映画にかんする貴重な証言も多数。深作が最期の病床で読み、その柩に入れられた。

『映画監督 深作欣二』深作欣二・山根貞男　ワイズ出版　平成十五年
※本書でもたびたび引用させていただいた、深作へのインタビュー集。五百頁を越す労作。
『深作欣二 最後の闘い』深作健太＋深作組　太田出版　平成十五年
※亡くなる一年前から『バトル・ロワイアルⅡ』に賭ける深作を追った壮絶なドキュメント。

『キネマ旬報臨時増刊 映画監督深作欣二の軌跡』キネマ旬報社　平成十五年
※菅原文太・千葉真一へのインタビュー、関係者の寄稿や座談会など盛りだくさん。
『映画芸術　４０３号 総特集 笠原和夫と深作欣二 残侠の譜』編集プロダクション映芸　平成十五年
※深作の講演録、脚本家神波史男の談話など。未映画化『実録・共産党』の脚本収録。
『仁義なき戦い PERFECT BOOK』別冊宝島８３３号　平成十五年（のち宝島社で文庫化）
※深作追悼として出た。特に芹沢耕二の寄稿中、『広島死闘篇』の脚本改変に関する深作の証言は貴重。他に『仁義なき戦い』に関するムック本は『蘇る！ 仁義なき戦い 公開40年目の真実』（平成二十四年、徳間書店）、『公開40周年！ 仁義なき戦い ＴＨＥ ＢＥＳＴ』（平成二十五年、徳間書店）、『仁義なき戦い　公開40周年　そのすべて』（平成二十五年、メディアックス）、『追悼！ 菅原文太 仁義なき戦い ＣＯＭＰＬＥＴＥ』（平成二十七年、徳間書店）、『仁義なき戦い １００の金言』（平成二十九年、徳間書店）がある。いずれもキャストやスタッフのインタビューが収められていている（中には重複するものもある）。
『「仁義なき戦い」調査・取材録集成』笠原和夫　太田出版　平成十七年
※徹底した取材の記録。本書に引用した笠原日記も収録されている。
『深作欣二ラスト・メッセージ』映像塾プロジェクト編　シネマハウス　平成十七年
※映画監督中村幻児が主宰する映像塾で行った晩年の講義録。学生との質疑応答も興味深い。
『「仁義なき戦い」をつくった男たち　深作欣二と笠原和夫』山根貞男・米原尚志　ＮＨＫ出版　平成十七年
※ＮＨＫ教育テレビで放送された「ＥＴＶスペシャル　『仁義なき戦い』をつくった男たち」をもとに書籍化した。

一坂太郎《いちさか たろう》

昭和41年（1966）、兵庫県芦屋市に生まれる。大正大学文学部史学科卒業。萩博物館特別学芸員などを務め、明治維新史に関する著述、講演活動を行う。また日本映画史を研究しており、著作に『幕末時代劇、「主役」たちの真実』（講談社＋α新書）などがある。

〈協力〉
東映ビデオ㈱
松竹㈱
バンダイビジュアル㈱

ブックデザイン　塚田男女雄（ツカダデザイン）
カバー写真　㈱ディプレックス

編集協力　江渕眞人（コーエン企画）
進行　久保木侑里

フカサクを観よ

深作欣二監督全映画ガイド

発行日　2018年1月1日　第1刷発行

著　者　一坂太郎
編集人
発行人　阿蘇品蔵
発行所　株式会社青志社
〒107-0052 東京都港区赤坂6-2-14 レオ赤坂ビル4F
（編集・営業）Tel : 03-5574-8511　Fax : 03-5574-8512
http://www.seishisha.co.jp/

印　刷
製　本　慶昌堂印刷株式会社

ISBN 978-4-86590-057-6 C0095